»Opa hätte ein Superlike gekriegt«

Kim Hoss
Inge Ziehm

»Opa hätte ein Superlike gekriegt«

Die Podcast-Oma über die Liebe, Tattoos und Haselnusslikör

mvgverlag

Bibliografische Information der Deutschen Nationalbibliothek
Die Deutsche Nationalbibliothek verzeichnet diese Publikation in der Deutschen Nationalbibliografie. Detaillierte bibliografische Daten sind im Internet über http://d-nb.de abrufbar.

Für Fragen und Anregungen:
info@mvg-verlag.de

1. Auflage 2019

Nymphenburger Straße 86
D-80636 München
Tel.: 089 651285-0
Fax: 089 652096

Redaktion: Nicole Luzar
Umschlaggestaltung: Isabella Dorsch
Umschlagabbildung: Shutterstock/Martyshova Maria
Layout und Satz: inpunkt[w]o, Haiger (www.inpunktwo.de)
Druck: Florjancic Tisk d.o.o., Slowenien
Printed in the EU

ISBN Print 978-3-7474-0121-7
ISBN E-Book (PDF) 978-3-96121-475-4
ISBN E-Book (EPUB, Mobi) 978-3-96121-476-1

INHALT

VORWORT

Dieses Buch ist für Enkel, Kinder, Großeltern, Eltern, Nichten, Neffen, Tanten, Onkel, Cousinen und Cousins, Freunde und Bekannte. Für Menschen, die eine Oma haben, hatten oder nie hatten. Für Menschen, die gerne mehr mit ihren Verwandten gesprochen hätten, sich vielleicht nicht so richtig trauen oder denen die richtigen Fragen fehlen. Falls du »Die Podcast-Oma« noch nicht kennst, ist dieses Buch genau für dich geschrieben. Du kannst es lesen, auch wenn du unseren Podcast schon kennst, du kannst ihn auch danach oder währenddessen erst kennenlernen, musst du aber nicht.

Ich bin Kim, bin 1987 geboren und meine Oma Inge 61 Jahre vorher, also 1926. Wir wollen unsere Gespräche, Anekdoten und Omas Lebensweisheiten gerne auch auf Papier festhalten, nicht nur im Internet zum Anhören, deshalb gibt es dieses Buch! Seit nun genau einem Jahr besuche ich meine Oma fast jede Woche und wir quatschen. Nicht nur übers Wetter oder über Omas Gebrechen, nein – wir reden über Alltägliches, über die Liebe, Sex, Aufklärung, Döner, Sport, den Tod und alles, was uns eben beschäftigt.

Oma, hättest du gedacht, dass wir beide mal zusammen ein Buch schreiben würden?
Niemals.
Verrückt, oder?
Ja, das ist verrückt. Aber es ist auch schön, dass ich das mit 93 noch erleben kann!

Wie alles begann

Für mich war meine Oma immer eine Oma: eine alte Frau, die hervorragenden Schokoladenkuchen backen kann, manchmal über schlechtes Wetter meckert und gerne Puzzle macht. Wir haben uns seit ich auf der Welt bin zwar immer regelmäßig gesehen – sie wohnt nur 20 Kilometer entfernt – und auch viel miteinander gelacht, aber so intensiv wie seit der ersten Podcast-Aufzeichnung im Sommer 2018 hatten wir uns vorher noch nie unterhalten.

Mittlerweile sehe ich meine Oma anders; ich weiß durch ihre Erzählungen viel über ihre Kindheit, wie sie ihre erste Liebe erlebt hat, den Krieg, wie sie zwei Mal geflohen ist. Wie sie trotz all dieser unglaublich schweren Zeiten nie ihr Lachen verloren hat, wieso sie manche Dinge anders betrachtet als ich. Ich sehe jetzt einen Menschen hinter der alten Haut, ihre strahlenden Augen, ihr großes, liebendes Herz und ihren Mut, immer noch so viel zu erleben, wie eine 70-Jährige. Meine Oma zeigt mir, dass alt sein nicht gleich alt sein bedeutet, und dass man jung bleibt, wenn man nicht aufhört, sich für Neues zu interessieren. Eines verbindet uns besonders: Der Humor! Wir scherzen viel gemeinsam, wir können beide über uns selbst lachen, und wir lachen vor allem auch gerne laut. Lachen hält jung, und wenn das Gesicht eines Menschen vor Lachfalten nur so übersät ist, weil er sein Leben lang viel gelacht hat, ist das etwas Wunderschönes.

Wir saßen also eines Tages zusammen auf dem Sofa und lachten. Ich fragte meine Oma, ob wir nicht mal zusammen einen Familienstammbaum erstellen wollen.

Wieso das denn, Kimi?

Na, mich interessiert, woher meine Vorfahren kommen!

Aber das ist doch gar nicht interessant für eine junge Frau wie dich?!
Doch! Los, erzähl mal, ich schreibe mit. Hast du noch alte Dokumente?
Ja, natürlich! Oben im Schrank, holste die mal runter?

Ich notierte zuerst alle Geburtsdaten ihrer engen Verwandten: Eltern, Großeltern und die ihrer Geschwister. Als sie anfing zu erzählen, dass ihre Schwester drei uneheliche Kinder zur Welt brachte, fragte ich nach Details, denn die Geschichte war mir neu. Nach ein paar Minuten merkte ich, dass Oma plötzlich ganz tief versunken war in ihrer Vergangenheit, und ich zückte mein Handy, um ihre Erzählungen aufzunehmen. Ihre Stimme war tief und beruhigend, wie eine wunderschöne Erzählerstimme. Ich hatte Omas Stimme auch als Kind schon geliebt, wenn sie meiner Schwester und mir Märchen vorlas, wenn wir bei ihr übernachteten. Als ich die Aufnahme am Abend zuhause nochmal anhörte, wurde die Idee zum Podcast geboren. Diese Geschichte, diese Stimme, diese Ehrlichkeit wollte ich gerne festhalten und auch andere Menschen daran teilhaben lassen.

Ich rief meine Oma sofort an und sagte:

Oma, wir machen jetzt zusammen einen Podcast!
Einen was?
Einen Podcast, das ist eine Art Hörspiel. Wir quatschen zusammen, und andere können das dann anhören!
Welche anderen?
Na, Leute auf der ganzen Welt!
Wen soll das denn interessieren, Kimi?
Ganz viele, Oma. Da bin ich mir sicher!
Na, wenn du meinst. Was muss ich dafür tun????

In den nächsten Wochen besuchte ich Oma Inge jeden Mittwoch, und wir nahmen die ersten drei Folgen auf. Ich befragte sie zu ihren Englisch-Kenntnissen, zu Mode und zum Thema Sex. Ich war erstaunt, wie offen sie über alles mit mir sprach, wir nahmen kein Blatt vor den Mund, denn uns hörte ja auch niemand zu, während wir bei ihr am Esstisch saßen. Die Zuhörer sollten erst später kommen. Dazu teilte ich meinen Instagram-Followern, die Oma schon aus meinen Stories und von Fotos kannten, mit, dass bald die ersten beiden Folgen der »Podcast-Oma« zu hören sein würden. Folge 1 und Folge 2 wurden am 25. August 2018 veröffentlicht, und wir waren beide überwältigt von der Resonanz der Zuhörer. In den ersten Tagen schrieben uns unglaublich viele Menschen, dass sie die Idee sehr schön fänden und ihre eigene Oma vermissten, wenn sie meiner zuhörten. Dass viele noch nie auf die Idee gekommen waren, mit ihren Großeltern über so intime Dinge zu sprechen. Aber: Wieso eigentlich nicht?

Mit alten Menschen sprechen

Wie schon gesagt, war meine Oma für mich bis dahin auch immer nur »die Oma« gewesen: ein Familienmitglied, dessen Geschichte mich in den ersten 30 Jahren meines Lebens nie wirklich interessierte. Ich wusste, dass sie den Zweiten Weltkrieg erlebt und nicht immer in Stuttgart gelebt hat, sondern mit meinem Opa aus der DDR geflohen ist. Aber ich hatte sie nie gefragt, was sie dabei gefühlt hat. Ich war nie auf die Idee gekommen, sie zu fragen, ob sie früher auch Liebeskummer hatte, als ich mit 16 darunter litt. Wann immer wir uns in den letzten zehn Jahren sahen, hatte Oma stets ihren Notizblock bereitliegen, um mir all die Fragen zu stellen, die ihr seit meinem letzten Besuch eingefallen waren. »Was macht die Arbeit?«, »Wie läuft es mit der Liebe?«, »Hast du mal wieder was von XY gehört?«, »Wusstest du, dass Helene Fischer jetzt dies und das gemacht hat?«, »Was ist ein Laptop und wer ist eigentlich dieser Alfons, von dem alle immer sprechen?« (Diese Frage wird gegen Ende des Buches beantwortet).

Meine Oma war ja nicht immer eine Oma gewesen, sondern auch mal Kind, Jugendliche, Teenager, Twen und Mama. Wieso aber habe ich sie vorher nie gefragt, wie es früher bei *ihr* war? Wie war es denn, als Oma und ihre Freundinnen zum ersten Mal ihre Periode bekamen? Wie hat man früher Männer kennengelernt? Was hat Oma damals bei Liebeskummer gemacht? Wie wurde Weihnachten 1945 gefeiert? Ging man früher eigentlich regelmäßig zum Friseur? Was kostete ein Friseurbesuch in den ersten Jahren der ehemaligen DDR? Wie war das für meine Oma, als der Krieg losging? Was macht Oma eigentlich glücklich?

Wieso musste ich erst 32 Jahre alt werden, um meiner Oma all diese Fragen zu stellen? Wieso sprechen wir mit alten Menschen generell oft nur übers Wetter oder Krankheiten? Wieso fragen wir sie nicht nach ihrer Meinung zu Themen, die auch uns selbst beschäftigen? Würden wir dabei nicht sogar etwas lernen? Mit älteren Menschen sprechen ist für alle wichtig, das war mir lange nicht wirklich bewusst. Jeder Mensch hat seine Meinung, die sich über die Jahre hinweg prägt. Aber wodurch lassen wir sie prägen? Durch Medien, Social Media, Funk und Fernsehen? Oder erlauben wir auch eine Prägung durch ältere, jüngere, behinderte, kranke Menschen? Oft haben wir in unseren Köpfen ein sehr starres Bild von älteren Menschen (wann genau ist man eigentlich »alt«?), die nur zuhause sitzen, grummelig in den Fernseher starren, mit dem Ellenbogenkissen am Fenster hocken und Nachbarn beobachten, sich nur beschweren, dass »früher ja alles besser« gewesen sei.

Vielleicht gibt es solche Menschen, aber vielleicht würde ihnen ab und an ein Gespräch mit einem jungen Menschen ganz gut tun? Ich erinnere mich an eine Dame von Mitte 80, die mir von ihren Urenkeln und Enkeln erzählte. Sie beklagte sich, dass ihre Enkel und ihre Kinder sich nie bei ihr melden würden, da alle immer so viel um die Ohren hätten. Ich fragte sie: »Wieso rufen Sie nicht einfach mal Ihre Enkel an?« Sie überlegte eine Weile und meinte dann: *»Ja, stimmt eigentlich.«*

Oft liegt das Glück viel näher als wir glauben, wir müssen einfach nur aus unserer Komfortzone ausbrechen und den ersten Schritt machen.

Nach unseren ersten beiden Folgen schwirrten in meinem Kopf viele Themen, die ich alle aufschrieb, um Oma in der nächsten Woche wieder ein Loch in den Bauch zu fragen. Dieses Vorgehen hat sich bewährt. Wir haben nie ein Konzept oder detaillierte Notizen für den Podcast, sondern sitzen einfach am Esstisch in Omas kleiner Wohnung, trinken und knabbern manchmal etwas, dann drücke ich auf START, und wir legen los. Manchmal entwickelt sich aus der ersten Frage nach zwei Minuten ein ganz anderes Thema, aber gerade das macht unsere Gespräche aus: Sie sind spontan, ehrlich und authentisch.

Mittlerweile haben wir Zuhörer auf der ganzen Welt. Oma Inge wird oft auf der Straße erkannt, oder beim Bäcker angetippt: *»Sie sind doch die Podcast-Oma, stimmt's?«* Zusammen waren wir im Fernsehen, wurden für Zeitungen und Zeitschriften interviewt, waren zu Gast bei anderen Podcast-Formaten, wurden von Apple zu einem der besten zwölf Podcasts 2018 gekürt, und auch Oma Inge hat nun den Mehrwert unserer regelmäßigen Gespräche erkannt.

Oma sagt:

Als ich zum ersten Mal aus Kims Mund das Wort Podcast hörte, habe ich sofort in mein Englischwörterbuch geschaut und es gesucht, doch leider vergebens. Dieses Wörterbuch ist nämlich schon etliche Jahre alt, und 1990 wusste man noch nichts von einem Podcast.

Warum gibt es für dieses englische Wort kein deutsches?

Also, okay, ein Podcast ist so etwas wie ein Hörspiel. Die haben wir früher gern gehört und uns unsere Gedanken gemacht über die Sprecher und Sprecherinnen. Genau so wird es auch heute unseren Followern (schreibt man das so?) gehen. Trotzdem fände ich ein deutsches Wort für Podcast angebracht, denn viele Menschen meines Jahrgangs und auch jünger schauen ganz erstaunt, wenn ich sie frage: »Hast du unsere neueste Podcast-Folge schon gehört?« Wie dem auch sei: Ich liebe unseren Podcast! Mit ihm hat sich mir eine ganz neue Welt aufgetan. An meinem 93. Geburtstag besuchte mich Kim mit einem Riesenkarton, hübsch verpackt. Ich kam aus dem Staunen nicht mehr heraus: Briefe, Briefe, Briefe und Karten, zum Teil aus meiner zweiten Heimat Warnemünde. Wir fingen beide an, sie zu öffnen und zu lesen. Menschen, die ich nicht und die mich nicht kannten, gratulierten mir mit Zeichnungen, Selbstgebasteltem und Fotos von sich, ihren Kindern und Angetrauten und wünschten mir alles erdenklich Gute und Liebe, sodass ich vor Rührung Unmengen Tränen vergoss. Kim weinte vor lauter Sympathie eifrig mit. Das Gefühl dieser Wertschätzung war unbeschreiblich. Ich habe drei Tage gebraucht, um alles zu lesen, zu lochen und in zwei große Ordner abzuheften, denn ich habe alles aufgehoben und freue mich noch immer jeden Tag daran. Es ist schön, zu wissen, dass man auch mit 93 nicht vergessen wird.

Jetzt wollte ich natürlich allen danken, aber wie?! Am liebsten hätte ich jedem persönlich geantwortet, doch das hätten meine Finger wohl nicht mehr geschafft, und so habe ich mich bei ein paar der Gratulanten in einer der Podcast-Folgen bedankt. Einigen Damen und Herren musste ich aber einfach einen kleinen Brief schreiben, sodass meine alte Reiseschreibmaschine wieder einmal zum Einsatz kam, auch wenn ich natürlich weiß, dass man Privatpost normalerweise nicht maschinell erledigt.

Der Geburtstag ist jetzt schon lange vorbei, aber Kim besucht mich nach wie vor jede Woche und wir bringen unter viel Gekichere neue Folgen zustande. Ich frage Kim übrigens nie, ob sie es sich zeitlich überhaupt leisten kann, so oft zu mir zu kommen, denn sie hat ja auch noch ihren Beruf und zwei süße Hunde, die auch ihre Aufmerksamkeit brauchen.

Aber einmal wird Schluss sein, das muss ich wohl oder übel akzeptieren. Doch daran will ich heute noch nicht denken, sondern mich freuen, dass ich in meinem Alter noch so viel mit dem Podcast bewegen kann. Über all die Antworten, Grüße und Danksagungen freuen wir uns immer und möchten auf diesem Wege ein herzliches »DANKESCHÖN« sagen.

1.

DO YOU SPEAK ENGLISH?

In unserer ersten Podcast-Folge trinken wir zur Einstimmung Haselnusslikör, von dem ich dachte, er sei mild, denn Oma mag keinen harten Alkohol. Er war aber nicht mild und wir müssen beide husten. Wir trinken aus Omas Kristallgläsern, aus denen noch nicht allzu oft getrunken wurde, wie Oma sagt. Die Gläser stehen neben dem Esstisch in einer Vitrine. Sie kommen nur bei besonderen Anlässen – wie einem Geburtstag – auf den Tisch, und müssen, bevor man sie benutzt, immer erst mit einem Geschirrtuch abgerieben werden, denn es könnte sich seit dem letzten Gebrauch ja Staub am Glas abgesetzt haben. Wir husten also kurz, dann beginne ich direkt mit unserem ersten Thema. Ich habe mich nämlich gefragt, warum heutzutage eigentlich so viele englische Wörter existieren und es uns meist nicht einmal mehr auffällt.

Manche Wörter sind aus meinem täglichen Sprachgebrauch nicht mehr wegzudenken, wie beispielsweise das Wort »cool«. Das hat meine Oma früher nicht gesagt, wenn ihr etwas gut gefallen hat. Stattdessen sagte sie »toll«! Ich dagegen wuchs mit Englisch auf, habe als kleines Kind schon englische Lieder gesungen, schaue heute Filme und Serien auf Englisch und höre fast ausschließlich englischsprachige Musik.

In der Schule lernte meine Oma Englisch als Pflichtfach, obwohl ihr Französisch immer besser gefiel.

Englisch ist zwar die Weltsprache, aber eleganter ist Französisch.

Trotzdem war in den Zeitungen und anderen Medien damals kaum Englisch vertreten. Erst durch ihre Tochter und ihre beiden Enkelinnen kam Oma nach und nach mit Englisch im Alltag in Berührung und machte mit 84 Jahren noch einen Englischkurs. Mit sieben anderen Kursteilnehmern zwischen 40 und 80 Jahren frischte sie drei Jahre lang ihr Englisch-Wissen auf.

Würdest du sagen, der Kurs hat dir etwas gebracht?
Ja! Für die Grammatik vielleicht nicht, aber sonst ja. Ich würde schon gerne so sprechen wie ihr.

Ich erinnere mich, dass ich ihr während des Kurses oft bei den Englisch-Hausaufgaben helfen sollte. Ab und an schrieb sie mir auch eine SMS in Englisch, wie zum Beispiel »I love you.« oder »How do you do, Kim?«

Bewundernswert finde ich, dass Oma mit knapp 90 Jahren noch etwas lernen wollte, dass sie sich auch heute nicht einfach zurücklehnt und denkt »Ach, sollen die doch Englisch reden, ich will davon nichts mehr wissen!«, sondern selber daran teilhaben will!

Wenn ich sie frage, ob sie noch etwas aus dem Kurs weiß sagt sie ganz leise

Ich sag mal lieber nein!

»I don't know« und »How do you do« kann sie aber nach wie vor noch!

Wenn Oma Inge heute die Zeitung liest, fallen ihr fast in jedem dritten Satz Wörter auf, die es auch im Deutschen Sprachgebrauch gibt, wie Event, Meeting, Outfit, Fashion, To-do-Liste.*

Selbst in den Tageszeitungen wird oft beklagt, dass heute so viel Englisch verwendet wird. Oder der deutsche Begriff steht in Klammern daneben. Warum? Die brauchen das doch gar nicht erst da hinzuschreiben!

In unserer ersten Folge sagt Oma einen sehr rührenden Satz:

Weißt du, manchmal, wenn ich im Bett liege, stell' ich fest, dass ich den ganzen Tag kein einziges Wort gesprochen habe.
Echt?
Ja, mit wem denn?! Und dann nehm' ich mir vor, am nächsten Morgen gleich nach dem Frühstück zur Frau Bollinger zu gehen, um sie zu fragen, wie es ihr geht, ob sie gut geschlafen hat.
Das ist ja voll traurig, Oma!
Ja, aber mich stört das nicht weiter.

Jeden Montag besucht meine Oma den Näh-Treff, der direkt gegenüber von ihrer Wohnung stattfindet. Hier hat sie schon Blusen, T-Shirts, Blazer, Mäntel, Hosen, Jacken und Kleider für sich und

---

* Nur rund drei Prozent der Worte in der deutschen Sprache sind Anglizismen. (Jörg Kilian, Vorsitzender des Deutschen Germanistenverbandes) Stuttgarter Zeitung, 21. September 2013
Quelle: https://www.stuttgarter-zeitung.de/inhalt.germanisten-bleiben-cool-anglizismen-keine-gefahr-fuer-die-sprache.e4680fe0-7b0d-4d04-9cfa-1187ba-42bee1.html

die ganze Familie genäht. Seit 1974 geht Oma dort hin, mittlerweile jedoch nicht mehr um zu nähen, sondern einfach, um mit den »Näh-Damen« zu plaudern. Sie trinkt eine Tasse Kaffee und erfährt von den Neuigkeiten, die es nicht in die Zeitung geschafft haben. So hat sie jeden Montag was zu tun und viel Unterhaltung.

> *Um drei Uhr geh' ich wieder, weil da mein doofer Film kommt!* Sturm der Liebe. *Wird immer blöder von Tag zu Tag.*

Wir beenden die Folge und Oma schreibt ihrer Tochter, meiner Mutter, eine SMS mit den Worten:

> *HAB N SCHWIPPS.*

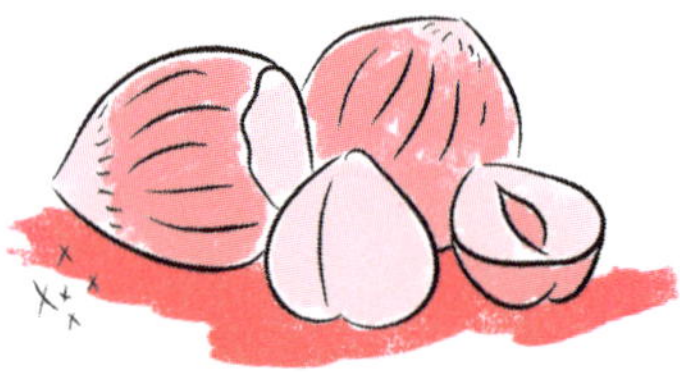

2.

LÖCHER IN DER HOSE?!

Mit der heutigen Mode komm' ich nicht mehr mit, weil ich manches so furchtbar unansehnlich finde, aber dann sagt ihr: Oma, das trägt man so!

Löcher in einer Jeans und auch Löcher in T-Shirts, Buffalo Plateau-Schuhe – Trends, die ich schon in den 90er Jahren furchtbar fand. (Oma hingegen findet diese Schuhe für ihren Pommerschen Einheitsfuß super.) Furchtbar findet Oma beispielsweise Hosen, die im Schritt hängen, aber die sehe man zum Glück nicht mehr so häufig. Was sie auch nicht schön findet, ist, wenn man unter einer Jacke etwas trägt, das unter der Jacke hervorguckt.

So wie man heute geht, sieht das mitunter abscheulich aus. Ich find' das nicht schön! Aber so ist nun mal die Mode.

Omas eigene Großmutter trug nur Schwarz, wie fast alle älteren Frauen. Woran lag das? Oma meint, sie haben sich vermutlich nicht getraut, bunte Kleidung anzuziehen, aus Angst aufzufallen. Kleine Kinder trugen meist fröhlichere Farben, allerdings nicht allzu lange. Als Oma sechs Jahre alt war, 1932, strickte ihre Oma ihr schwarze Strümpfe, die unglaublich kratzten. Um das Kratzen zu mildern, wickelte sich Oma Inge die Kleider ihrer Puppen um die Waden und zog die Strümpfe darüber. Ihre Klassenkamerad*innen lachten darüber und sagten: »Inge hat aber komische Beine!«

Als Oma ein junges Mädchen war, hingen in ihrem Kleiderschrank folgende Kleidungsstücke: ein Sommer-, ein Frühjahrs- und ein dickes Winterkleid; jeweils eines für den Alltag und eines für Sonntage und die Kirche. Dazu Strümpfe, Kniestrümpfe, ein paar Unterhosen, ein Mantel oder eine Jacke und ein Pullover. Wenn die Kleider ein Loch oder einen Riss hatten, wurden sie geflickt; wenn sie »aufgetragen« waren, machte Omas Stiefmutter ein neues Kleidungsstück daraus, denn sie war Schneiderin und konnte immer schöne Sachen nähen.

In meinem Kleiderschrank sieht es heute ein bisschen anders aus. Ich habe noch nie den gesamten Inhalt aufgelistet, aber als ich neulich mal meine Socken neu sortiert habe, zählte ich über 50 Paar und war schockiert. Mein Schrank war immer schon gut gefüllt, auch als Kind. Ich habe es nicht anders gelernt: Wenn Mama mit mir shoppen ging, habe ich immer irgendwas bekommen, auch wenn ich es nicht unbedingt gebraucht habe. Heute kaufe ich mir daher auch nicht nur dann etwas, wenn ich es brauche, sondern, wenn ich zufällig daran vorbeilaufe oder mir im Internet etwas gefällt. Ohne lange zu überlegen wandert das sechste schwarze Oberteil ab in den Einkaufswagen, ist zwei Tage später mit den anderen zwölf Teilen in einem Karton bei mir zuhause und ich bin zwar kurzzeitig glücklich aber mittelfristig pleite. Könnte ich auch überleben mit nur sechs Kleidern im Schrank wie Oma damals? Würde ich etwas vermissen, wenn ich mir nicht mehr jeden Monat ein neues Kleidungsstück kaufen würde?

Früher hatte man nicht das Geld, sich »einfach mal« zwischendurch was zu kaufen. Etwas nur eine Saison lang zu tragen, war und ist für Oma ein Unding. Sie trägt manche Kleidungsstücke so lange, bis sie sie nicht mehr sehen mag oder sie gar auseinanderfallen. Meine Mutter schenkte ihr kürzlich zwei T-Shirts, die bei ihr

»schon zwei Jahre« ungetragen im Schrank lagen. Oma »trägt sie nun auf«, wie sie so schön sagt.

Auch die heutigen Einkaufsmöglichkeiten gab es früher nicht. Hunderte Geschäfte, Boutiquen, Kaufhäuser, Shoppingmalls, Onlineversand, im Ausland bestellen ... Dazu noch Modetrends, die sich alle paar Wochen ändern. Ein Kleid wurde damals mitunter fünf Jahre getragen. Wenn es zu eng wurde, wurde es weiter gemacht, wenn es zu kurz wurde, wurde Stoff angenäht.

Oma Inge, die Cousinen und die Schwester meines Opas in Stuttgart, 1955.

Zum ersten Mal »shoppen« ging Oma, als sie 45 Jahre alt war. Als sie das sagte, musste ich kurz innehalten und über meine letzten Shopping-Eskalationen der vergangenen zwei Wochen nachdenken: eine Bluse, zwei neue Kleider, ein Oberteil, neue Turnschuhe. Und Oma, als sie so alt war wie ich, war trotzdem glücklich; mit einem Bruchteil an Kleidung im Schrank.

Ich kaufe sehr oft und gerne in Second-Hand-Läden ein, hier finde ich mitunter besondere Einzelstücke. Immer, wenn ich einen solchen Laden betrete, fühlt es sich für mich so an, als würde ich in eine Zeitmaschine steigen. Ich nehme mir gerne viel Zeit, stöbere auf Reisen und Städtetrips am liebsten stundenlang in Vintage-Boutiquen und stelle mir vor, wer die Kleidungsstücke mal getragen haben könnte. Ein großer Teil meines Schrankinhaltes ist Second-Hand, mittlerweile überlege ich lange, bevor ich mir etwas Neues kaufe.

Früher hat man sich nur dann etwas gekauft, wenn man etwas brauchte! Sprich, zu irgendeinem Fest, zu einem Abschied eines Kollegen oder einer Kollegin, da wollte man ja etwas Nettes anziehen. Es musste also was Neues her, denn man konnte ja nicht dasselbe wie im letzten Jahr anziehen, wobei die Anwesenden das sicher gar nicht gemerkt hätten.

Als Oma 18 Jahre alt war, sah sie in einem Schaufenster ein Paar Sommerschuhe, rot und weiß, 23,90 DM haben sie gekostet. Sie fragte ihre Stiefmutti, ob sie die Schuhe bekäme, doch sie sagte »Nein, so teure Schuh'?!«. Sie hat sie nie bekommen und muss immer noch an diese bildschönen, zweifarbigen Riemchen-Sandalen denken. Ich frage Oma, ob sie sich solch ähnlichen Schuhe denn heute kaufen würde.

Nein. Nein. Ich hab' doch Quadratlatschen und kann solche Schuhe bestimmt nicht mehr tragen.

Oma fing mit 16 Jahren an zu arbeiten, hatte also, als sie 18 war, schon ein kleines Gehalt, doch das war so wenig, dass sie nach Abzug des Wohngeldes (sie wohnte zwar bei ihren Eltern, musste jedoch »Kostgeld« zahlen) froh war, wenn sie sich mit dem Rest alle vier Tage mal ein Eis oder andere Süßigkeiten kaufen konnte.

Ein Paar Nylonstrümpfe kostete damals 90 Mark.
Echt?!
Ja. Wer sollte sich die kaufen?! Folglich haben wir unsere normalen Strümpfe links rum angezogen, so, dass sie etwas schicker aussahen. Eine Zigarette – ich habe nie geraucht, aber Kolleginnen – kostete 10 Mark. Die Kollegin ging mit 10 Mark auf die Damentoilette, um eine Gleichaltrige zu finden, die ihr eine Zigarette verkaufte, die sie von einem Amerikaner für irgendeinen Liebesdienst geschenkt bekommen hatte. Ich fand das furchtbar. Ich habe zum Beispiel auf meiner Dienststelle mal ein Gespräch nach Bad Godesberg zustande gebracht und als Dank dafür durfte ich mir am nächsten Tag eine Flasche Essig abholen.
Dafür, dass du deine Arbeit gemacht hast?
Ja, das könnt ihr euch nicht vorstellen. Einen Liter Essig. Mutti hatte irgendwann gesagt »Ich kann keine Heringe einlegen ohne Essig!« Zitronen gab es ja gar nicht.
Oma, also welchen Trend ich nicht verstehe, ist der, dass man sich neue Klamotten kauft, in denen schon Löcher sind. Verstehst du das?
Nee. Ach so, wie diese Jeans, die am Knie schon kaputt sind?

Ja, es gibt auch Jeans, da sind überall Schlitze drin, findest du das schön?
Nein!!

Oma erzählt die Geschichte, wie sie einmal eine solche Jeans flicken wollte. Der neue Freund ihrer Großnichte, hatte ein Loch in seiner Jeanshose. Keiner sagte etwas über dieses Loch, bis Oma ihre Großnichte bat, ihn dazu zu bringen, seine Hose in einem anderen Zimmer auszuziehen und ihr zu geben, sodass sie sie nähen konnte. »Nein, um Gottes Willen, Tante Inge, das trägt man heute so!« Da war die Welt für Oma Inge nicht mehr in Ordnung, dass man mit Löchern auf die Straße geht.

Allerdings: Wenn ich heute 15 wäre, würde ich vermutlich auch Hosen mit Löchern tragen. Weil es alle tun und ich dazugehören »müsste«.

Ich erinnere mich an eine Phase im Jahr 2000, Schlaghosen waren zu der Zeit wieder modern. Ich war 13 und hatte eine Lieblingsjeans, die aber viel zu lang war; der Schlag schleifte beim Gehen immer über den Boden, doch ich fand das super. Der überschüssige Jeansstoff wurde bei jedem Schritt von meinen Versen unter den Schuh gezogen, was nach einiger Zeit in Löchern resultiere. Besonders schön war es, wenn es regnete: die Hosenbeine waren nass und wenn ich einen Raum betrat, waren auch Boden und Socken nass. Heute kann ich darüber lachen, hätte mir damals aber jemand gesagt, dass ich so nicht rumlaufen kann, hätte mich das zutiefst gekränkt, denn viele in meinem Alter kleideten sich so. Es war ein Trend. Kurz davor endete eine andere Phase, durch die meine Familie mit mir als Teenager durchmusste: Skateschuhe, Fatlaces und Schwämme als Stopfmaterial. Vielleicht denkst du jetzt: »JA! Die Phase hatte ich auch!« oder aber du hast keinen blassen Schimmer, wovon ich hier gerade schreibe. Ich versuche, es zu erklären.

Skateschuhe sind, wie der Name schon sagt, Schuhe, die hauptsächlich Menschen tragen, die Skateboard oder eine sonstige Art von Board auf der Straße fahren. Es ist also ein Schuh, speziell für den Skateboardsport entwickelt. Sie unterscheiden sich von »normalen« Turnschuhen vor allem durch eine Sohle, die sehr flexibel ist und die Haftung auf dem Skateboard erleichtert, und durch Verstärkungen an häufig abnutzenden Stellen, wie zum Beispiel den Schnürsenkeln. Ich habe zwar ein Skateboard besessen, bin aber nur ein einziges Mal auf einem Skateboard geskatet, dennoch musste ich mit 12 unbedingt auch Skateschuhe haben, denn 1999 hatten ALLE coolen Teenager Skateschuhe. Meine Eltern, meine Schwester und ich machten im Sommer 1999 Urlaub in Amerika, das Land der unbegrenzten Skateschuhmodelle. Ich war erst zufrieden, als mir nach drei Tagen mein erstes Paar Skateschuhe der Marke »Vans« an den Füßen klebte. Klobige, unförmige Treter, die aussehen wie Schuhe, die ein kleines Kind im Kindergarten zeichnen würde. Aus Nostalgiegründen hat meine Mutter die Schuhe lange im Keller aufbewahrt und mir neulich erst dieses Erinnerungsfoto geschickt. Von Halt war in diesem Schuh nichts zu spüren. Die sogenannten »Fatlaces«, die ca. vier Zentimeter breiten, »fetten Schnürsenkel«, waren reine Show. Um in dem Schuh nicht bei jedem Schritt das Gefühl zu haben, ihn zu verlieren, musste man sich etwas Schlaues einfallen lassen. So nahm man einfach zwei Schwämme zur Hand, die man – in jeden Schuh einen – zwischen

Fußrücken und Schuh klemmte. Schwämme habe ich selbst nie ausprobiert als Stopfmaterial, ich habe mir in jeden Schuh zwei Paar Socken gesteckt, die bei dem ein oder anderen schnellen Sprint zum Bus auch mal rausrutschten und über die Straße rollten. Vielleicht sind die Jeans mit Löchern im Vergleich dazu gar nicht mal so schlimm, wenn ich länger darüber nachdenke.

Meine Uroma, Omas Stiefmutter, brachte meiner Mutter in den 70er Jahren oft etwas Selbstgenähtes mit, wenn sie zu Besuch nach Stuttgart kam, unter anderem ein Kleid aus zwei verschiedenen Stoffresten, grün und blau. Meine Mutter zog es auch in die Schule an, doch als sie nach Hause kam, zog sie sich das Kleid sofort aus mit den Worten: »In der Schule haben sie gesagt: Grün und Blau trägt Kasperle sei' Frau!« Damit wurde das Kleid nie wieder angezogen. Das hätte sich Oma in ihrem Alter nicht erlauben dürfen.

Oma, wie findest du eigentlich meinen Kleidungsstil?
Manchmal nicht so nach meinem Geschmack. Aber ich muss sagen: In letzter Zeit doch. Schlimm war's im Winter. Da bist du manchmal mit so abgewetzten kurzen Hot… Kurzen Hosen gekommen und darunter Strumpfhosen. Das war bestimmt modern, aber es sah furchtbar aus. Kurze Jeans! Das war im letzten Winter erst!
Das kann nicht sein, Oma.
Doch! Da hab' ich gedacht: Gott, hoffentlich sieht sie keiner!!
Ich hab' so 'ne Hose und hatte die auch mal über einer Strumpfhose an, aber letztes Jahr sicherlich nicht und ganz sicher nicht im Winter.
Okay. Und dann gibt's noch andere Kleidungsstücke, die ich nicht sooo besonders mochte an dir. Aber ich hab' mir

dann immer sagen lassen: »Das ist modern, Oma, das verstehst du nicht!«

An einem Tag im Winter, ich teilte es auch auf meinem Instagram-Account, fragte ich Oma, wie sie mein neues Kleid finde. Ein Graues, bis zur Wade, aus dickem Jersey-Stoff, relativ weit geschnitten, man könnte auch »sackig« dazu sagen. Aber im Winter, mit Strumpfhosen, ist es für mich das bequemste Kleidungsstück. Sie schaute an mir herunter und sagte energisch:

Beschissen!

Aber auch Oma weiß: Geschmäcker sind verschieden, sie würde zum Beispiel auch nicht all das tragen, was andere 93-Jährige tragen. Wobei die Farbe Beige in ihrem Kleiderschrank gut vertreten ist. Rentner-Beige, wie man so schön sagt. Ein Phänomen, das ich wohl nie verstehen werde.

Warum tragen alle Menschen ab einem gewissen Alter nur noch beige?
Ach, alle?!
Ja.
Meine Lieblingsfarben sind eigentlich Brauntöne. Vielleicht beruhigt das. Rot ist nicht meine Farbe und gelb kann ich überhaupt nicht tragen, vermutlich, weil ich früher blond war.
Echt? Also ich trag' gern gelb. Na, achte mal drauf, wenn dir auf der Straße mal jemand mit einem Rollator entgegenkommt.
Na, aber das ist doch nicht schlimm, ist ja kein Charakterfehler!

3.

VOM KÜSSEN WIRD MAN SCHWANGER

Dass man von einem Kuss schwanger werden kann, dachte meine Oma tatsächlich lange Zeit. Wie und wann wurde sie eigentlich aufgeklärt? Hat man früher über die Periode gesprochen? Wie lief das mit der Verhütung?

Oma, ich hab' in der letzten Zeit viel nachgedacht über das Thema Menstruation, also meine Tage, wie das Verhältnis von Frauen zu ihrem eigenen Körper ist und ich hab' mich gefragt: Wie war das eigentlich, als du damals zum ersten Mal deine Tage bekommen hast?
Das will ich dir genau sagen. Das ist in zwei Minuten erledigt.

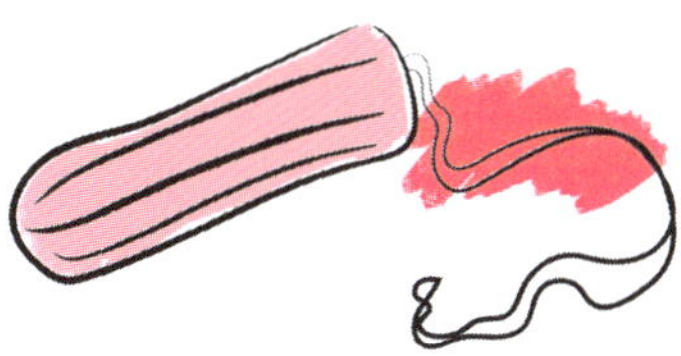

Eines Tages, als meine Oma ungefähr 13 Jahre alt war, bemerkte sie auf der Toilette, dass etwas nicht stimmte. Sie ging zu ihrer Stiefmutter, die an der Nähmaschine saß, und sagte: »Schau mal Mutti, was *ich* habe!« Desinteressiert antwortete diese: »Was hast du?« »Blut in meinem Schlüpfer!«, quengelte Oma Inge, woraufhin sie die Antwort bekam: »Das wirst du jetzt alle vier Wochen haben!« Das war alles.

Ilse, Omas damalige beste Freundin, erklärte meiner Oma, worum es sich bei dem Blut im Schlüpfer handelte. Heimlich flüsterte sie ihr ins Ohr, dass ihre ältere Schwester das auch schon hatte und dass es »normal« sei. Sie dürfe aber ab jetzt im Sportunterricht nicht mehr mitturnen und auch nicht mehr mitschwimmen. Dabei turnte Oma Inge doch so gern!

Als Mädchen mit Periode musste man sich früher ein kleines Heftchen besorgen, in welches von den Eltern eingetragen wurde, wieso die Schülerin nicht am Unterricht teilnehmen konnte. Ein »Krankmeldeheftchen« quasi. Man sagte nämlich früher dazu »krank«, wenn ein Mädchen oder eine Frau menstruierte. Dieser Ausdruck störte meine Oma damals schon, denn Kranksein bedeutete für sie, mit Fieber im Bett zu liegen.

Krank hast du dich ja wohl nicht gefühlt, oder?
Nö, aber irgendwie behindert.

Das Heftchen wurde dem Lehrer oder der Lehrerin gezeigt, man setzte sich an die Seite und guckte den anderen beim Sportmachen zu. Ich wundere mich, wieso Mädchen die Teilnahme am Sportunterricht (Schwimmen mal ausgenommen) untersagt wurde, obwohl sie doch lediglich ein paar Milliliter Blut verloren und frage Oma, ob es vielleicht daran lag, dass ein »blutendes Mädchen« womöglich etwas schmutzig machte, da, wie Oma mir gleich bestätigte, die Hygieneartikel damals noch nicht so effektiv waren wie sie es heute sind.

Wie habt ihr euch denn dann vor einem »Unfall mit Blut« geschützt?
Mit Camelia *Binden.*

Hier wird Oma plötzlich leise und flüstert mir ins Ohr, dass ihre Schwester Binden hatte, die man sogar auswaschen konnte. Ich merke, dass es ihr unangenehm ist, darüber zu sprechen und erkläre ihr, dass es immer noch bzw. wieder diese auswaschbaren Binden gibt, vermutlich dank der aktuellen Bewegung in unserer Gesellschaft, weniger Müll zu produzieren und somit unseren Planeten zu »retten«. Auch die Tatsache, dass – was die Wenigsten wissen – Binden und Tampons relativ viele Chemikalien enthalten, regt zu einem neuen Bewusstsein und Umdenken an. Mit diesen Themen beschäftige ich mich seit einiger Zeit und erkläre Oma, was passiert, wenn man chemisch gebleichte Tampons oder Binden verwendet: Die Schleimhäute nehmen diese Substanzen auf, sodass die Chemie auch im Körper landet. Ich erzähle ihr von Bio-Tampons aus reiner Biobaumwolle und den auswaschbaren Binden, und Oma sagt:

Ja, unsere Vorfahren waren ja auch nicht dumm.

Ich bekam meine erste Periode mit 11. Zwar wusste ich aus dem Unterricht, dass früher oder später auch ich bluten würde, dass es aber ohne Vorankündigung auf der Geburtstagparty meiner kleinen Schwester passieren würde, das hat mir niemand gesagt. Mir war es sehr unangenehm, den »Vorfall« meiner Mutter zu erzählen, sie war aber nicht ganz so kalt wie ihre Großmutter und schenkte mir am nächsten Tag sogar eine Maxi-CD einer meiner Lieblingssänger als »Willkommensgeschenk in der Welt einer Frau«.

Die nächsten 20 Jahre war die Periode für mich mehr Belastung als Freude, ich gehörte auch lange zu den Frauen, die leise flüsternd ihre Freundinnen um ein Tampon baten, wenn ich selbst keines dabeihatte, weil ich die Menstruation als unangenehmes Thema empfand und ich es auch nicht anders kannte. Bis ich irgendwann gemerkt habe: Moment mal. Bluten nicht unglaublich viele Menschen auf dieser Welt jeden Monat? Warum ist es ein

Tabu-Thema? Warum finden Männer es »eklig«, wenn sie ein unbenutztes Tampon im Badezimmer rumliegen sehen? Was ist so verpönt daran, laut auszusprechen, dass man gerade seine Tage hat?

Ich frage Oma, ob man früher in der Öffentlichkeit über die Periode sprach. »Auf gar keinen Fall!«, sagt sie laut und entschlossen. Im Krankmeldeheftchen stand meist nur: »Inge ist heute unpässlich und kann daher nicht am Turnen teilnehmen.« Es gehörte sich schlichtweg nicht, vor anderen von seiner Periode zu sprechen. Und auf das, was sich gehörte oder nicht und was andere von einem dachten, wurde früher viel mehr Wert als heute gelegt. Die Menstruation war also ein Tabu-Thema. Ein völlig natürlicher Vorgang wurde und wird immer noch verschwiegen, dabei menstruieren tagtäglich fast eine halbe Milliarde Frauen auf dieser Erde. Absurd irgendwie, dass man daraus so ein Geheimnis macht und machte.

Genau so war's ja auch damals, wenn du 'nen Freund hattest! Das war ja fatal! Nun war es ja früher aber auch nicht so, dass man sich mit einem Jungen traf und sofort mit dem in die Kiste stieg! Um Gottes Willen! Wann gab's denn mal den ersten Kuss?! Du lieber Gott. Ich persönlich hab' noch gedacht, dass man bei einem Zungenkuss ein Kind kriegt.

Das hab' ich ganz am Anfang auch gedacht! Wie wurdest du denn aufgeklärt, Oma?

Überhaupt nicht.

Überhaupt nicht? Aber du weißt, wie Kinder entstehen, oder?

Jetzt ja.

Aufgeklärt wurde meine Oma von einer Schulfreundin mit 16 Jahren. Dass heutzutage Kinder mit 12 schon ihr erstes Mal haben, schockiert sie nicht, denn sie liest es ja »in der Zeitung!«

Das muss aber nicht sein, finde ich.

Ihren ersten Kuss bekam Oma Inge mit 16 von einem Nachbarsjungen und sie dachte, dass sie nun schwanger sei. Es begann eine schlimme Zeit für sie, denn sie wusste ja, dass der Vater schon ihre Schwester aus dem Haus geworfen hatte, als diese ein uneheliches Kind erwartete. Zum Glück wurde sie von einer lieben Freundin aufgeklärt, dass man vom Küssen nicht schwanger werden kann.

Wenn ich da dran denke, wird mir noch ganz schlecht. Der Kuss war nicht schön.

Mein erster Kuss war auch eher unangenehm, sage ich meiner Oma, und wir lachen. Ich bekam ihn von Daniel. Wir haben uns im Sommer 2000 im Freibad kennengelernt, ich war 13 und wir verabredeten uns zum Eisessen. Ich weiß noch ganz genau, wo wir uns zum Abschied küssten: am Bahnhof, kurz vor der Treppe, die zur Brücke über die Gleise führte. Es war unglaublich heiß und der kurze Abschiedskuss für mich ziemlich verkrampft. Vermutlich sind erste Küsse nie so richtig entspannt. Was ich auch noch weiß, ist, dass ich dieses Date, welches zu meinem ersten Kuss führte, vor meinen Eltern verheimlichte, sie es aber trotzdem erfuhren, denn eine Freundin meiner Mutter sah uns vor der Eisdiele und verpetzte mich. Daniel und ich haben uns nie wieder gesehen.

Thema Verhütung, das wäre der nächste Schritt, nach dem Küssen. Für meine Oma war es damals gar kein Thema, Kondome zu verwenden, denn für sie war klar: Wenn sie einen Mann findet und heiratet, möchte sie auch bald schwanger werden. Sie lernte meinen Opa mit 26 Jahren kennen, und obwohl beide laut Arzt gesund waren, klappte es lange nicht mit dem schwanger werden. Ich frage meine Oma, wann sie das erste Mal von der Anti-Baby-Pille erfuhr. Sie war schon über 40, als alle über »DAS Verhüterli« sprachen, wobei Oma lange dachte, es handle sich um Kondome, bis eine Freundin ihr erklärte, was es damit auf sich hatte. Details weiß Oma bis heute nicht. Als meine Mama, also Omas Tochter, im gebärfähigen Alter war, sprachen sie nie über Aufklärung, die Pille oder Verhütung.

Die war bestimmt klüger als ich. Ich hab' deine Mutti nicht aufgeklärt, die waren schon aufgeklärt. Ich weiß nicht wo, aber ich glaub in der Schule, was bei uns nicht der Fall war.

Ich wurde in der vierten Klasse aufgeklärt, mit 10 Jahren. Im Unterricht war uns das allen total unangenehm, ich weiß sogar noch genau, in welchem Raum die Unterrichtseinheit abgehalten wurde. Viel hängengeblieben, außer roten Backen, ist nicht viel. Muschi und Pimmel, die Begriffe kannte ich von Mitschülern, mit 11 bekam ich auch einmal Hausarrest, weil ich auf offener Straße »Hose runter, Pimmel raus!« rief. Ich habe immer beigebracht bekommen, dass ich mir mit den Jungs noch Zeit lassen soll, bis ich 25 bin, was ich auch länger als meine Freundinnen »durchhielt«. Ich würde nicht unbedingt sagen, dass mich mein Umfeld animiert hat, »endlich« Sex zu haben, aber neugierig wurde ich mit 18 dann schon und wollte nicht mehr warten, bis ich 25 war. Da ich aber das Gefühl hatte, meine Eltern finden das doof, dass ich mit 18 schon sexuell aktiv bin, habe ich auch nie mit ihnen über Verhütung gesprochen. Die Pille allerdings habe ich schon damals nie nehmen wollen, wofür ich meinem damaligen Ich sehr dankbar bin. Zu diesem Thema habe ich auf meinem Blog schon viel erzählt und etliche Frauen davon überzeugen können, sich von hormoneller Verhütung zu verabschieden und auch von all den Nebenwirkungen, die diese kleine, weiße Pille mit sich bringt.

Ich spreche auf meinem Blog auf Instagram heute sehr offen und unverblümt über Menstruation, Verhütung, Selbstbefriedigung, die Pille, alternative Verhütungsmethoden, Gesundheit und Sex und ich nehme kein Blatt vor den Mund, denn: Es ist wichtig, dass man darüber spricht! Ich hätte mir als 18-jähriges Mädchen so sehr jemanden wie mich gewünscht, der offen und ehrlich seine Erfahrungen teilt.

Oma Inge findet den Umgang mit dem Thema Verhütung und Aufklärung jetzt »schöner«, sagt sie. Sie sei sehr streng erzogen worden, außerdem war sie 19, als sie das erste Mal flüchten musste, ihre Tanzstundenherren sind alle im Krieg gefallen, da hatte man also ganz andere Sorgen, als sich um Liebe, Sex und Zärtlichkeit zu kümmern.

Ich kann mir gar nicht vorstellen, dass heute ein junges Mädchen zu einem jungen Mann sagt; »Heute können wir nicht in die Kiste, ich hab' meine Menstruation.«
Nee? Warum?
Meinst du?
Ja! Also ich mach' das so.
Ist man so frei, ja? Naja, ich bin ja auch uralt!

Oma Inge wurde in einem Interview mal gefragt, ob Sex im Alter für sie noch wichtig ist, beziehungsweise war, als ihr Mann noch lebte.

Lieben kann man sich auch ohne Sex. Finde ich. Ich persönlich vermisse ihn nicht. Und mit wem sollte ich heute noch Sex haben?

Dem einen Menschen ist Sex sehr wichtig, dem anderen nicht. Auch wenn man sich nicht vorstellen kann (oder vielleicht auch nicht vorstellen will), dass alte Menschen noch Sex haben: Sie haben Sex. Wieso denn auch nicht? Hört die Lust mit 70 plötzlich auf? Ich hoffe jedenfalls nicht!

4.

EINE ZEITREISE

Ich will gerne wissen, wie eigentlich die ersten 30 Jahre meiner Oma so waren. Ganz grob konnte ich mich an Geschichten erinnern, die sie uns im Laufe der Zeit immer mal wieder erzählte, aber so richtig und am Stück habe ich ihre Lebensgeschichte noch nie gehört. Sicher könnte man über das Leben meiner Oma noch viel mehr schreiben, in diesem Buch möchten wir nur einen kurzen Einblick gewähren, die Lebensstationen zwischen 1926 und 1956.

Ich bin an einem 12. März im vorigen Jahrhundert geboren. 1926.
Aber nicht im Schwabenländle.
Nein, sondern in Löcknitz. Das ist ein kleiner Vorort von Stettin. Stettin war die Hauptstadt von Mecklenburg-Vorpommern und gehört jetzt zu Polen.

Oma hatte zwei Geschwister, die beide älter waren als sie, ihre Schwester Charlotte sieben und ihr Bruder Hans zwölf Jahre älter. Ihren Bruder Harry lernte sie nie kennen; er war sieben, als er von einem Auto überfahren wurde und ums Leben kam. Als meine Oma fünf Jahre alt war, starb ihre Mutter während einer Blinddarmoperation. Im Podcast erzählt sie, dass ihr Vater gezwungen war, wieder zu heiraten. Ich frage nach:

Du sagtest, dein Papa war gezwungen, nochmal zu heiraten. Wieso das?

Ja, mit drei Kindern musste man das schon.
Das heißt, er hat nach einer unverheirateten Frau gesucht, und die nächstbeste genommen? Oder kannten sie sich schon?
Nein, die kannten sich vorher noch nicht. Heutzutage würde ein Mann mit drei Kindern wohl auch allein bleiben. Aber sowas gab es früher gar nicht. Ein Vater hat früher nicht die Rolle der Mutter übernommen. Das war gar nicht möglich.

Ihr Bruder ging 1932 freiwillig zur Wehrmacht, zur Luftwaffe. Er kam nicht wieder. 1942 erhielten die Eltern und Geschwister eines Tages Bescheid, dass er vier Wochen zuvor gefallen war. Er wurde 28 Jahre alt.

1940 erwartete Omas Schwester Charlotte mit 22 Jahren ein uneheliches Kind. Daraufhin wurde sie von ihrem Vater aus dem Haus geworfen. Sie flüchtete zur Großmutter, die 25 Kilometer entfernt wohnte. Oma Inge erzählt, wie sie und ihre Eltern später einmal diese Oma besuchten. Als die Haustür aufging, stand dort völlig unerwartet auch die »verbannte« schwangere Schwester. Ich versuche, mich in die Situation meiner Oma hineinzuversetzen: Ihre Schwester soll nicht mehr Teil der Familie sein, erwartet ein Kind und hat niemanden, der sie unterstützt, der Vater des Kindes ist im Krieg gefallen. Sich ohne vorherigen Kontakt im Hausflur der Großmutter wiederzusehen und kein Wort miteinander sprechen zu dürfen, muss für beide Schwestern ein richtig schlimmer Moment gewesen sein. Ich stelle mir vor, wie ich mich fühlen würde, und mir kommen die Tränen. Ich frage mich, was an einem unehelichen Kind so schlimm sein kann, dass die eigene Familie einen verstößt. Weil die Nachbarn dann schlecht über einen reden? Weil Gott es nicht will? Wie kann man sein eigenes Kind so sehr verletzen und enttäuschen? Ich bin schockiert und sprachlos.

Heute wirft man ein Kind nicht raus deswegen. Aber früher waren die Zeiten so. Mein Vater war der Ansicht, er könne es sich »nicht leisten«, seine Tochter mit einem unehelichen Kind in seinem Haus wohnen zu lassen. So waren die Sitten früher.

Als die Familie 1942 die Nachricht vom Tod des Bruders erhielt, bat der Vater meine Oma, den Kontakt zur verbannten Schwester wieder aufzunehmen. Oma, damals 16 Jahre alt, fuhr also zu Charlotte und nahm ihren Neffen Jürgen mit zurück zu ihrem Vater und der Stiefmutter, kümmerte sich um den mittlerweile zwei Jahre alten Jungen und ging mit ihm spazieren. Dabei wurde sie oft gefragt, ob das ihr eigenes Kind sei, woraufhin sie die Spaziergänge einschränkte; sie wollte nicht als junge Mutter gesehen werden. Irgendwann durfte Charlotte dann wieder ins Elternhaus zu Besuch kommen, sie wohnte inzwischen in einem sogenannten Kriegsmütterheim der SS. Diese Heime wurden damals für Frauen gegründet, die während des Krieges Kinder bekamen und/oder deren Partner im Krieg gar gefallen waren.

1932 kam Oma in die Schule. Nicht gerne, wie sie energisch betont.

Warum denn?
Ich fand' es einfach zuhause schöner! Ich hatte einen wunderschönen Spielplatz! Wir wohnten in einem Vier-Familien-Haus und zu jeder Familie gehörte ein Stall!

Omas Stall diente aber nicht etwa Hühnern als Heim, sondern ihr alleine als Spielplatz. Sie durfte die Wände weißeln und anmalen, ihre Freundinnen darin einladen und sie richtete sich dort mit Decken und Teppichen eine eigene kleine Wohlfühl-Oase ein.

Oma, wie alt warst du, als der Krieg losging?
Dreizehn Jahre war ich alt.
Kannst du dich daran noch erinnern? Wie war das für dich? Als dreizehnjähriges Mädchen hat man sicher andere Sorgen, oder?

In der Schule erfuhren die Schüler*innen vom Ausbruch des Krieges in Danzig. Sie sahen im Atlas, dass Danzig mindestens 500 Kilometer entfernt war und glaubten, dass ihnen dann ja nichts passieren könne. Sie lebten weiter, wie bisher, bis sich die Nachrichten von gefallenen Nachbarn, Brüdern und Vätern häuften. Im Unterricht sprach man über die Nachrichten aus dem Radio, wo der Feind gerade stand. Viele Lehrer wurden eingezogen, um »das Vaterland zu verteidigen«. Auch Omas Sportlehrer war eines Tages weg. So mussten immer mehr Lehrerinnen den Unterricht übernehmen und ihre männlichen Kollegen vertreten.

Es wurde von Monat zu Monat ernster, bis die Luftangriffe anfingen und während des Unterrichts die Schüler immer öfter in den Luftschutzkeller evakuiert werden mussten. Teilweise fiel der Unterricht auch komplett aus. Eines Tages war sogar das gesamte Dach der Schule abgedeckt, und die Fenster der Klassenzimmer fehlten.

Auf dem Schulweg kamen ihr eines Tages Klassenkamerad*innen entgegen mit den Worten: »Die Schule ist ganz bombardiert, nur der eine Flügel steht noch!« So richtig verstanden haben Oma und ihre Freundinnen das damals aber gar nicht.

Krieg war gar nicht so schlimm!

Ich frage sie, wann sie persönlich den Krieg als schlimm empfand und sie erwähnt wieder das Jahr 1942, als ihr Bruder unter den Gefallenen war.

Vier Jahre später, mit 17, wollte meine Oma einen Tanzkurs machen, was sie auch durfte, doch nach der fünften Tanzstunde wurde ihr schlagartig bewusst, dass der Krieg nun ganz nah war, denn ihr Tanzstundenherr kam nicht mehr. Er war gefallen. Sie bekam einen neuen Tanzpartner, der ebenfalls bald darauf fiel, genau wie der dritte Mann, mit dem Oma Inge 1943 Foxtrott tanzen wollte. Die Heimwege endeten zu der Zeit fast immer in fremden Luftschutzkellern, während die Eltern sich daheim ängstigten.

Die Tanzstunde war für mich also ein ganz schlimmes Erlebnis. 1944 war dann auch gar nicht mehr an Tanzstunden zu denken.

Im August 1944 kam die 18-jährige Inge in den sogenannten Schippeinsatz. Alle jungen und gesunde Frauen mussten in den Osten zum Schippen, also zum Ausheben von Schützengräben für die Soldaten. Mädchen, die nicht mehr zur Schule gingen und junge Frauen, die noch keine Kinder hatten, reisten teilweise hunderte Kilometer weit an. Oma Inge kam nach Deutsch Krone, das heute Wałcz heißt und zu Polen gehört, um am sogenannten Pommernwall, einem System von Betonbunkern und Panzersperren mitzuarbeiten. Die Mädchen schliefen in großen Turnhallen auf Strohsäcken, morgens gab es Kaffee und Marmeladenbrote, und die meisten banden sich ein Stofftaschentuch um den Kopf, um ihre Haare vor Dreck und Staub zu schützen. Um neun Uhr ging es zum Einsatz. Ein Spaten und eine Schaufel, die sie auf dem halbstündigen Marsch zum Einsatzort schulterte, waren sechs Stunden lang täglich ihr Werkzeug. Vier Monate später, im November 1944, war die Rote Armee so weit vorgedrungen, dass es keinen Sinn mehr machte, weitere Schützengräben zu schaufeln. Mitunter durften die Arbeiterinnen für einen Tag nach Hause, wenn es Meldungen von Fliegerangriffen aus den Heimatstädten gab. Oma Inge hatte drei Mal »das Glück«, wie sie selbst sagt, während dieser Zeit nach Hause zu dürfen; zuhause war jedoch nie etwas Schlimmes passiert, bis auf fehlende Fensterscheiben.

Nach ihrer Rückkehr arbeite Inge wieder als Postangestellte in der Reichspostdirektion in Stettin. Auf einem von der Post zur Verfügung gestellten Lkw wurde Oma Inge zusammen mit einigen Kolleginnen nach Mecklenburg transportiert. Ihre Stiefmutter war mit ihrem mittlerweile fünfjährigen Enkel Jürgen, Oma Inges Neffen, schon ein paar Tage früher geflüchtet. Die Familie hatte eine Adresse als Treffpunkt vereinbart.

Das musste sein, sonst hätte man sich ja nie wiedergefunden.

Ich kann mir nicht genau vorstellen, wie solch eine Flucht abläuft oder wer einem sagt, wann es denn losgehen soll und frage ganz doof:

Wer hat das entschieden, dass ihr fliehen musstet? Habt ihr von irgendjemandem den Befehl bekommen oder einen Brief?
Das war überall angeschrieben: »Verlassen sie Stettin auf dem schnellsten Weg! Der Russe steht hinter der Oder.«

Ein kleiner Rucksack und zwei Federdecken waren alles, was Oma Inge mit auf den Lkw nahm. Ihre Stiefmutter hatte ihr diese wertvollen Decken anvertraut, damit sie im neuen Zuhause auch warm schlafen konnten, doch während der zwei Tage auf dem Lkw wurden Oma Inge die beiden Decken gestohlen. Die Enttäuschung der Stiefmutter könnt ihr euch vielleicht vorstellen.

Lübtheen, eine kleine Stadt in der Nähe von Schwerin, sollte die neue Heimat für die Familie werden, ihr Vater musste aber leider auf halber Strecke in Stralsund das Postamt »abwickeln« bzw. auflösen. In Lübtheen, nahe der Elbe, bezog Oma Inge zusammen mit ihrer Stiefmutter und ihrem Neffen Jürgen eine Drei-Zimmer-Dachgeschosswohnung, die sie sich mit einem anderen Geflüchteten teilten. Dieser Mann war ein russischer Offizier, vor dem die kleine Familie zu Beginn furchtbare Angst hatte. Unbegründet, wie sich herausstellte, denn:

Der Offizier war ein ausgesprochen netter Mann!

Nun fehlte nur noch der Vater. 200 Kilometer legte dieser zu Fuß und per Anhalter zurück. Von Stralsund nach Lübtheen.

Frag mich nicht, wie der aussah …

In Lübtheen war meine Oma auch wieder bei der Post angestellt, doch sie blieben nicht lange dort. Als bekannt wurde, dass die russischen Soldaten in ihrer Heimatstadt Stettin angelangt waren, die Stadt plünderten und Häuser besetzten, schlug Omas Vater vor, wieder zurückzukehren, da sie in Lübtheen ja auch unter russischer Führung lebten. So begab sich die Familie wieder auf die Rückreise: mit dem Zug, dem Bus und zu Fuß, mit Koffern und Rucksäcken. In ihrem ehemaligen Haus in Stettin trafen sie auf polnische Soldaten, die sich dort einquartiert hatten und sie natürlich nicht herzlich in Empfang nahmen, sondern vertrieben. Die erste Wohnung der Familie allerdings war glücklicherweise nicht besetzt, dennoch komplett ausgeplündert und zerstört, doch hier konnten Vater, Stiefmutter, Inge und der kleine Jürgen bleiben. Keine Türen, keine Fenster, aber ein Dach über dem Kopf, das musste vorerst genügen. So vergingen ein paar Wochen, bis mein Urgroßvater eine Nachricht aus Rostock erhielt, mit dem Befehl, die Leitung des dortigen Fernmeldeamts zu übernehmen. Die Familie packte also erneut ihre Koffer und zog in die 200 Kilometer entfernte Hansestadt, wo meine Oma später auch meinen Opa kennenlernen würde.

* * *

Widmen wir uns zur Abwechslung mal kurz meiner Vergangenheit, genauer gesagt der Zeit, als ich 16 war. Im Vergleich zur Lebenssituation meiner Oma mit 16, erscheint mir meine Teenagerzeit als unglaublich langweilig. 2003 war ich in der 11. Klasse des Gymnasiums und stand kurz davor sitzenzubleiben, denn Latein, Chemie und Mathe waren nicht gerade meine stärksten Schulfächer. Damals waren Hosen, die kurz unterhalb der Poritze hingen, voll im Trend, und ich wurde tagtäglich mit der Frage konfrontiert, ob ich den Scheitel nun lieber auf der linken oder der rechten Seite tragen sollte. Außerdem galt es herauszufinden, wie lange ich das Blondierspray einwirken lassen musste, bis meine Haare drei Nuancen heller geworden wären. 2004 ging ich jede Woche zur Fahrstunde, hatte die 11. Klasse halbwegs erfolgreich geschafft, sang in der Schulband und trank zum ersten Mal Alkohol. Mit 18 lernte ich meinen ersten Freund kennen, den ich im Frühjahr 2005 endlich auch mit dem Auto meiner Mutter besuchen durfte, wobei ich auf dem Weg zu ihm prompt den Außenspiegel eines anderen Autos abfuhr. Nach nur einem Monat machte ich per SMS mit ihm Schluss. (Ich schäme mich immer noch dafür, falls du das liest, Felix: Es tut mir leid.) Als ich mit 19 mein Abitur abschloss, saß Oma Inge zusammen mit meinem Opa bei der Zeugnisverleihung stolz im Publikum. Heute, 13 Jahre später, erzählt sie mir ihre Geschichte, und der Vergleich unserer beiden Leben bewegt mich tief.

* * *

Ich frage meine Oma nach der Mutter des kleinen Jürgen, ihrer älteren Schwester, denn sie kam im März 1945 ja nicht mit, als die Familie floh. Charlotte wurde evakuiert und nach Bad Polzin gebracht, ein (heute) polnisches Dörfchen 150 Kilometer von Stettin entfernt. 1944 kam ihr zweites Kind, ein Mädchen, zur Welt, und meine Oma besuchte die beiden. Zwei Jahre später, also 1946, meldete sich Charlotte mit der Nachricht, dass sie nun ihr drittes Kind, wieder einen Jungen, geboren hatte. Die Geschichte bringt mich an dieser Stelle immer wieder zum Weinen, denn meine Oma sah ihre Schwester nach 1944 nie wieder. Auch Charlottes ältester Sohn Jürgen, der bei seinen Großeltern in Rostock lebte, sah seine Mutter nie wieder. Die Umstände in Deutschland während und nach dem Krieg erlaubten es keinem Familienmitglied, für Besuche aus- oder einzureisen.

> *Sie hatte nun auch furchtbares Pech mit den Vätern der drei Kinder; der Erste ist gefallen, der Zweite auch. Der dritte war Landwirt und hatte beim Pflügen auf dem Feld mit seinem eigenen Traktor einen tödlichen Unfall. Von da an war sie ganz alleine mit ihren beiden Kindern, ihr ältester Sohn lebte weit entfernt bei den Großeltern. Es ging ihr sehr schlecht und sie starb 1952 an einer Krankheit, die sie zwei Jahre lang zu bekämpfen versuchte.*

Jürgen starb 1993, seine Schwester Renate 1992, zu beiden hatte meine Oma als Tante der beiden ein gutes Verhältnis und stets

Kontakt. Der jüngste Sohn ihrer Schwester Charlotte lebt heute mit seiner Familie in Bayern. Die Kinder und Enkel von Jürgen leben nicht weit von Stuttgart entfernt, zu Renates Kindern und Enkeln in der Nähe von Dresden und auch zur Verwandtschaft meines Opas pflegt Oma Inge nach wie vor den Kontakt.

In Rostock arbeitete meine Oma im Fernmeldeamt, wo es ihr so lange gut gefiel, bis sie merkte, dass alle ihre Kolleginnen alte, unverheiratete, verknöcherte Weiber waren, mit denen sie nicht länger zusammenarbeiten wollte. Sie hatte in der Zeit in Rostock eine Freundin, die auf einem anderen Fernsprechamt arbeitete, Anni. Sie war zwei Jahre älter als Oma Inge und die Beiden kannten sich nur durch die Telefonie und Anni fragte eines Tages, ob Oma schon mal einen Brief an einen unbekannten Soldaten geschickt habe, was diese verneinte. Anni versorgte also meine Oma mit einer Adresse von einem ihr ebenfalls unbekannten Soldaten und beide fingen mit zwei unterschiedlichen jungen Männern eine Brieffreundschaft an.

Anni hat ihren Soldaten geheiratet!
Echt?
Ja! Er ist 1978 leider schon verstorben, Anni erst vor zwei Jahren. Das mit meinem Soldaten hörte recht bald auf.

1948 ging Oma Inge nach Warnemünde und lernte dort einen jungen Mann kennen, Heinz. Sie war mittlerweile 22 und eine äußerst attraktive Frau. Mit Heinz besuchte sie viele schöne Tanzveranstaltungen, und die beiden wurden offiziell ein Liebespaar.

Bis ich merkte, dass mir mein Heinz nicht immer treu war! Das konnte ich natürlich gar nicht leiden! Und somit lernte ich deinen Opa kennen.

Mein Opa hatte zu dieser Zeit ein eigenes Unternehmen in Warnemünde und fuhr Material für diverse Baufirmen. Opa Walter und Heinz kannten einander, so kam es, dass Inge und Walter sich 1952 bei einem Tanzabend im Café Bechlin in Warnemünde kennenlernten. Während Oma mir von diesem Abend erzählt, ist sie ganz nervös und wischt aufgeregt mit den Händen über die rosa Tischdecke auf ihrem Esstisch.

Und wann hast du den Heinz dann abserviert, Oma?
Wahrscheinlich als ich den ersten Kuss von meinem Walter bekam.
Aha! So schnell ging das also!

Oma Inge und Opa Walter 1952 bei ihrer Verlobungsfeier.

Sie verlobten sich rasch und waren sich einig, dass sie auch mit der Hochzeit nicht lange warten wollten. Ein Jahr später, am 27. Juni 1953, heirateten meine Großeltern in Warnemünde, nur standesamtlich. Der Plan, in den Westen Deutschlands zu flüchten, stand schon vor der Hochzeit fest, und so musste alles schnell gehen: Die Flucht aus der DDR wurde als Flitterwochen getarnt, ihr Ziel war Hamburg. In ihren Koffern hatten sie jeweils Bettbezüge, ein Bettlaken, ein Kopfkissen und zwei Nachthemden sowie etwas Kleidung. Zunächst fuhren sie mit dem Zug nach Oberhof in Thüringen, wo sie im Radio hörten, dass in Berlin die Grenze von Ost- nach Westdeutschland bereits geschlossen worden war. Sie überlegten kurz, wieder zurück nach Warnemünde zu gehen, denn dort hatten sie sich nie offiziell abgemeldet oder verabschiedet, auch nicht von ihren Eltern.

Nach zwei Wochen in Oberhof fuhren meine Großeltern jedoch kurzerhand nach Ostberlin, denn von Westberlin aus war es bis zu einem gewissen Zeitpunkt möglich, mit dem Flugzeug nach Westdeutschland zu fliehen. Mein Opa hatte Bekannte in Ostberlin, die die beiden freundlich aufnahmen, in der Hoffnung, die Grenze würde bald wieder geöffnet. Jeden Morgen lauschten alle den Nachrichten im Radio, bis nach acht Tagen endlich die frohe Botschaft verbreitet wurde, dass die Grenze für vorerst zehn Tage geöffnet werden würde. Prompt schnappte sich das frisch verheiratete Paar seine kleinen Koffer und ging schnurstracks zur nächsten zuständigen Auslandsbehörde. Den sogenannten »Laufzettel für das Notaufnahmeverfahren« hat Oma aufgehoben und zeigt ihn mir.

Auf diesem vergilbten, DIN-A5-großen Zettel wurden verschiedene Stationen vermerkt, wie zum Beispiel »ärztlicher Dienst«, bei welchem die Flüchtenden ärztlich untersucht werden mussten. Jeden Tag gab es an einer anderen Station einen Stempel abzuholen, quer durch die ganze Stadt mussten sie »wandern«, um ihren Laufzettel abgestempelt und unterschrieben zu bekommen.

Als ich meine Oma frage, ob sie sich tatsächlich bedroht fühlten, meint sie, dass sie sich einfach ein freieres und besseres Leben im Westen erhofft haben.

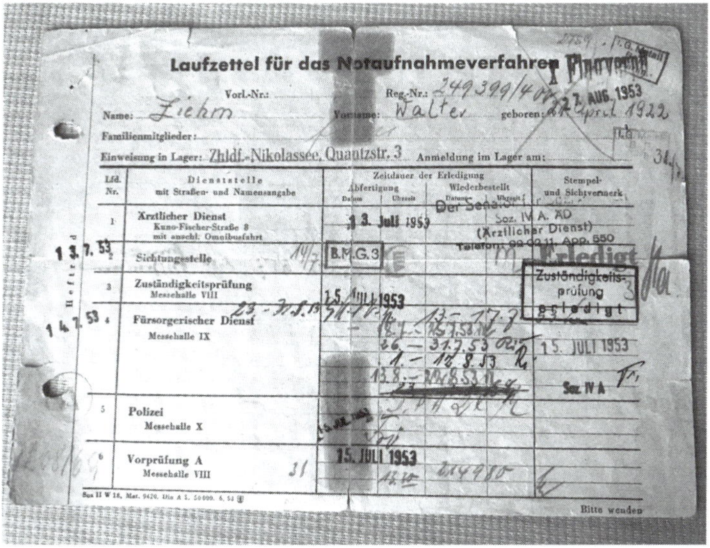

Laufzettel für das Notaufnahmeverfahren

Vorl.-Nr.: Reg.-Nr.: 249399/40

Name: Liehrn Vorname: Walter geboren: 27. April 1922

Familienmitglieder:

Einweisung in Lager: Zhldf.-Nikolassee, Quantzstr. 3 Anmeldung im Lager am:

Lfd. Nr.	Dienststelle mit Straßen- und Namensangabe	Zeitdauer der Erledigung Abfertigung Datum / Uhrzeit	Wiederbestellt Datum / Uhrzeit	Stempel- und Sichtvermerk
1	Ärztlicher Dienst Kuno-Fischer-Straße 8 mit anschl. Omnibusfahrt	13. Juli 1953	Der Senator ... Soz. IV A. AD (Ärztlicher Dienst)	
2	Sichtungsstelle	B.M.G.3		Erledigt
3	Zuständigkeitsprüfung Messehalle VIII	15. JULI 1953		Zuständigkeitsprüfung erledigt
4	Fürsorgerischer Dienst Messehalle IX			15. JULI 1953 Soz. IV A
5	Polizei Messehalle X			
6	Vorprüfung A Messehalle VIII	15. JULI 1953		

Bitte wenden

Der sogenannte »Laufzettel« meines Opas, 1953.

Es war alles scheiße. Du hörtest ja auch Radio und hattest auch Verwandte im Westen, die dir auch mal ein Päckchen schickten und schrieben, wie schön es in Hamburg oder München war. Wir durften drüben ja nix machen. Wir durften nicht verreisen, wir durften keine Witze erzählen, nicht schreien, nicht laut lachen, gar nüscht durften wir.

Weil man Angst hatte, dass hinter der nächsten Ecke einer stand, der einen verpetzte?

Ja. Mitunter grundlos.

Das kann man sich gar nicht vorstellen.

Nein. Das kann man sich auch nicht vorstellen. Wenn du zum Friseur gingst, dann musstest du ein Handtuch, ein Brikett, und zwei Stücke Holz mitbringen, weil sie dann den Ofen heizen konnten und man warmes Wasser hatte, um die Haare zu waschen. Was schlimm war für mich und auch für meine Mutti: Wir aßen beide so gern Süßes. Es gab keine Schokolade. Es gab keinen Bohnenkaffee. Es gab überhaupt nüscht. Dann gab's wenig Geld. Wir haben wenig verdient ...

Ich frage Oma Inge, ob sie deshalb auch nachvollziehen kann, was die Flüchtenden durchmachen, die seit ein paar Jahren aus ihren Heimatländern nach Deutschland fliehen. Sie macht große Augen und sagt ganz bestimmt:

Ja. Ja! Die waren ja sogar lebensbedroht, Krieg war bei uns ja keiner mehr damals.

In einem Flüchtlingslager in Westberlin mussten sie drei Monate warten, bis sie endlich ausreisen durften, wobei noch ungewiss war, wohin überhaupt. Als sie eine Absage aus Hamburg erhielten, entschieden sie sich für München, doch auch München nahm keine Flüchtlinge mehr auf. Die dritte Wahl fiel auf Stuttgart, denn hier, davon gingen die beiden aus, würden sie höchstwahrscheinlich eine gute Arbeit finden, um ihre Brötchen zu verdienen. Etwa drei Monate nach der Hochzeit saßen Inge und Walter also das erste Mal in ihrem Leben im Flugzeug, aber nicht nach Stuttgart, sondern nach Hannover. Von Hannover aus ging es mit dem Zug nach Weinsberg. Dort kamen sie in ein Durchgangslager, von wo aus Oma Inge jeden Tag rund 40 Kilometer nach Stuttgart pendelte, denn sie hatte dort schon eine Stelle in einem Verlag gefunden. Jeden Tag im Zug strickte sie an Strickjacken für sich und ihren Mann, doch irgendwann wurde das Stricken im Zug verboten: die langen Stricknadeln gefährdeten die anderen Passagiere.

Oma Inge und Opa Walter während der Zeit im Durchgangslager 1953. Sie tragen die Strickjacken, die sie auf dem täglichen Arbeitsweg von Weinsberg nach Stuttgart strickte.

Am 11.11.1953 sollte die lange Reise aber endgültig zu Ende sein und die beiden bezogen in Stuttgart ein Zimmer in einem Durchgangslager, welches sie sich mit zwölf anderen Menschen teilen musste. In dieser Zeit wurde mein Opa sehr krank, und die beiden wurden in die Küche ausquartiert. Dort teilten sie sich ein Stockbett; Oma schlief oben, Opa unten.

Eines Tages holte mich der Opa von der Haltestelle ab und sagte: »Du musst höchstens noch zwei Jahre arbeiten, denn ich habe eine Stelle. 1,65 DM Stundenlohn!« Da war die Welt natürlich in Ordnung.

Im Januar 1954 fing mein Opa also auch an als Schlosser zu arbeiten, wollte aber ein bisschen mehr verdienen und machte schließlich noch ein Fernstudium zum Techniker. Nach der Arbeit saß er auf dem Bettrand, zwischen den Beinen ein Hocker, der als Schreibtisch diente. Darauf fertigte er all seine Zeichnungen für die Ausbildung an. Das machte er zwei Jahre lang jeden Tag. In diesem Flüchtlingslager lebten meine Großeltern zweieinhalb Jahre, bis sie genug Geld hatten, sich eine eigene Wohnung zu mieten. In den Urlaub fuhren sie zum zweiten Mal 1957 nach Italien und Oma Inge erinnert sich heute noch genau an diesen wunderschönen Sommer.

Sonne. Immer blauer Himmel. Wasser.

In diesem Urlaub lernten meine Großeltern am Strand eine Dame kennen, die dort jeden Morgen neben ihnen mit ihrer kleinen Tochter Manuela im Sand spielte.

Da hab' ich mir gesagt: Wenn ich mal ein Mädchen kriege, muss das Manuela heißen! Der Tag, an dem Manuela schließlich auf die Welt kam, war mein schönster.

Nach all diesen Erzählungen ist meine Oma nicht mehr »einfach nur« eine Oma. Ich durfte so viel über ihre Vergangenheit erfahren und hab mir noch lange danach Gedanken gemacht, wie sie sich wohl gefühlt haben mag, während all dieser aufregenden

Erlebnisse in ihrem Leben. Wie wäre es für mich, wenn ich plötzlich alles hinter mir lassen und mit einem kleinen Koffer fliehen müsste?

Ich möchte dich an dieser Stelle ermutigen, falls du schon einmal mit dem Gedanken gespielt hast, deine Vorfahren auf den Krieg anzusprechen, es aber aus Rücksicht oder aus Angst vor Ablehnung nicht gemacht hast: Vielleicht beginnst du nicht mit der Frage »wie war das denn damals im Krieg?«, sondern orientierst dich an unserem Gespräch. Hat deine Großmutter auch Tanzstunden genommen? Hatte dein Großvater ein Hobby? Möglich, dass nicht alle Großeltern oder Verwandten über den Krieg sprechen wollen, das müssen wir akzeptieren, aber sie hatten ja auch ein Leben vor und nach dem Krieg, das erzählenswert und bestimmt interessant ist. Oma sagt:

Jetzt weißte alles.

Ich weiß aber noch lange nicht alles, denn bis dahin war es ja erst die vierte Folge unseres Podcasts ...

5.

SCHIEFE KAFFEEKANNEN UND BELEGTE SCHNITTEN

Oma isst einen Vanillepudding, und ich frage sie, wie bei ihr so ein typischer Tag abläuft.

Och Kind, du kannst doch ’ne 93-Jährige nicht fragen, wie ihr Tagesablauf ist!
Doch, kann ich! Also, wann stehst du auf?
Manchmal um halb 8, manchmal um halb 9. Nach einer Stunde bin ich dann im Bad fertig …
Was machst du denn ’ne ganze Stunde im Bad?
Das dauert alles so lange bei mir! Und zwei, drei Mal fällt irgendwas runter, dann muss ich mich ganz langsam bücken und noch langsamer aufrichten.

Dann toastet sie sich ein Brötchen und kocht einen Kaffee in der Maschine (Anmerkung: Meine Oma sagt übrigens nicht Kaffee [ka'fe:] mit Betonung auf dem »e« sondern mit kurzem »f« und einem stumpfen »e« am Ende, wie bei Kanne, also: ['kaffə], was mich schon oft zum Lachen gebracht hat, vor allem, als wir in die SWR Nachmittagssendung »Kaffee oder Tee« eingeladen wurden und Oma andauernd »Kaffö oder Tee« sagte und ich versuchte, ihr zu erklären, dass es sich ja dann gar nicht reimen würde, was ihr aber herzlich egal war.)

Manchmal stell' ich die Kaffeekanne schief hin, dann läuft nach fünf Minuten der Kaffee nicht in die Kanne, sondern auf den Fußboden. Es ist 'ne Sauerei.
Wie oft ist das schon vorgekommen?
Fünf, sechs Mal.

Ich kann gar nicht mehr aufhören zu lachen, und auch während der folgenden Minuten muss ich immer wieder an den Kaffee denken, der von der Maschine auf den Boden tropft und ich stelle mir eine große, braune Pfütze in der Küche vor.

Oma frühstückt ungefähr eine Stunde lang, weil sie ja zwischendurch immer aus dem Fenster gucken muss, was passiert. Zurzeit wird auf der anderen Straßenseite ein neues Haus gebaut, das ist natürlich interessant. Außerdem hat ihr Bäcker, auch gegenüber, seit drei Wochen Urlaub:

... aber die Leute wissen das nicht, stehen dann vor dem verschlossenen Laden und ärgern sich – und das freut mich!

Danach räumt Oma den Tisch ab und holt ihre Zeitung aus dem Briefkasten. Sie wohnt im ersten Stock und fährt mit dem Aufzug ins Erdgeschoss, Treppen meidet sie. Die Tageszeitung, in welcher sie circa eine Stunde liest, studiert sie penibel und schneidet oft Artikel aus, die sie in der Schublade mit den weißen Stoffservietten aufbewahrt, um sie mir, meiner Schwester oder unserer Mutter irgendwann mal vorzulegen, falls ein Artikel zu einem Thema passt, welches uns gerade beschäftigt. Dann ist es halb 12, aber Mittag isst sie meistens nicht, denn da sie verhältnismäßig spät frühstückt, kann man ja nicht um 12 schon wieder ans Essen denken.

Ich dachte immer, alte Menschen stehen um 6 auf, frühstücken um 7 und essen um Punkt 12 Uhr zu Mittag. Nix da senile Bettflucht bei Oma Inge! Ihre liebe Nachbarin, Frau Bollinger, die leider im Laufe unserer Aufzeichnungen verstarb, bekam von meiner Oma täglich einen kurzen Besuch abgestattet. Sie brachte jeden zweiten oder dritten Tag ihr Altpapier runter und die beiden klönten danach eine viertel Stunde.

Klönen? Das Wort kenn' ich nicht.
Quatschen heißt das. Klönen ist wohl ein norddeutsches Wort.

Anschließend macht Oma ihr Bett, das seit ich denken kann mit einer grünen Tagesdecke aus Polyester zugedeckt wird. Dann endlich frönt Oma Inge einer ihrer größten Leidenschaften: dem Puzzlen!

Hast du mal gezählt, wie viele Puzzle du schon gemacht hast? Bestimmt über 100, oder?
Ja. Im Moment hab' ich aber keins in Arbeit.

Wir vermuten, dass es mittlerweile sogar schon über 200 Puzzle sind, die Oma Inge bisher fertiggestellt hat. Wann immer wir – oft auch auf Flohmärkten – ein Puzzle entdecken, das Oma gefallen könnte, bringen wir ihr eins mit. Eine liebe Zuhörerin schickte ihr auch mal einen großen Karton voller Puzzles, da ihre Großmutter auch so gern puzzelte. Die Schönsten werden seit ein paar Jahren abfotografiert, auf Fotopapier ausgedruckt und eingerahmt. So hängen im Hausflur vor Omas Wohnung mittlerweile über 20 Puzzle-Fotos. Ich frage sie, was ihre Lieblingsmotive sind:

Städte?
Ja und am liebsten natürlich Orte, an denen ich vielleicht schon mal war. Auch Blumen mag ich sehr gerne.
Aber die sind schwierig, oder?
Ja, Blumen-Puzzle sind schwierig, aber noch schwieriger sind Bäume.
Stimmt. Und Gras, da hab' ich dir auch mal geholfen.
Und Wälder! Blätter …
Und Himmel! Himmel und Gras.
Ja, Himmel! Mitunter ist er ganz blau, na das ist doof. Wenn's Wolken gibt, dann ist es schöner! Blauer Himmel ist doof.

Nach dem Puzzeln geht Oma rüber zum Bäcker – wenn er denn wieder offen hat – und kauft sich gelegentlich ein Stück Kuchen, denn um zwei Uhr kriegt sie Hunger. Kaffee macht sie sich aber nur im Winter; wenn es warm draußen ist, trinkt sie Wasser. Ab und an gibt es auch etwas zu Nähen, so wie kürzlich, denn meine Mutter kaufte für Oma zwei Nachthemden, von denen ihr eines viel zu groß war! Die Schultern von Hand gekürzt, einmal heiß gewaschen, und nun passt es ihr. Für größere Näharbeiten holt Oma Inge auch ihre Nähmaschine raus, doch die ist so schwer, dass es sich für kleine Arbeiten nicht lohnt.

Post bekommt Oma unglaublich gerne; jedes Mal, wenn sie den Briefkasten öffnet und ein Brief oder eine Postkarte drin ist, freut sie sich und läuft vergnügt zurück in ihre Wohnung, um dem Absender gleich auf ihrer Reiseschreibmaschine zu antworten. Alle Postkarten, die sie in den letzten Jahren bekam, hängen in ihrem Flur, verteilt an der Wohnungs-, Schlafzimmer- und Badezimmertür. Wann immer wir, ihre Familie, im Urlaub oder auf Städtetrips sind, senden wir ihr eine Postkarte mit einem Foto von uns.

So hängen sicher über 100 Karten aus aller Welt in ihrem Flur, und sie musste sogar schon welche an die Esszimmervitrine hängen. (Platz an den Türen hat sie im letzten Jahr dadurch gewonnen, dass sie nach der Trennung von meinem damaligen Freund alle Postkarten von mir, auf denen er auch zu sehen war, kurzerhand abgeschnitten oder mit anderen Karten überdeckt hat. Eine schlaue Frau, meine Großmutter!)

Ab 15:10 Uhr ist es Zeit für das tägliche Fernsehprogramm: *Sturm der Liebe* und danach eine Quizsendung sind Dinge, die Oma fast nie verpasst. Die Liebesserie allerdings gefällt ihr nicht mehr so gut wie am Anfang, sie erinnert sie zu sehr an *Tatort*, und die Schauspieler seien früher auch besser gewesen.

Einkaufen muss Oma natürlich auch von Zeit zu Zeit. Dazu geht sie entweder freitags auf den Markt, der direkt vor ihrem Haus auf dem Kirchplatz stattfindet, oder in den Supermarkt, der zehn Gehminuten entfernt ist. Für ihre Einkäufe nimmt sie ihren Rollator mit, der bietet zwar nicht genug Platz für einen ganzen Wocheneinkauf, aber dann geht sie eben zwei oder drei Mal die Woche.

Abends wird ausschließlich kalt gegessen: Brote mit Wurst und eine Tomate.

Warum nicht warm?

Weil ich das gar nicht gewöhnt bin! Der Opa hat mittags immer in der Kantine essen können, sodass wir, wenn er um 4, halb 5 nach Hause kam, um halb 6, halb 7 Abendbrot gegessen haben. Er wollte ja nicht zweimal warm essen, und abends kochen find' ich furchtbar für 'ne Hausfrau! Es ist ja ein größerer Aufwand, als Schnitten zu machen! Erst kochen und hinterher der ganze Abwasch. Nein! Abends möchte ich fertig sein. Und ich würde wahrscheinlich platzen, wenn ich abends was Warmes essen würde!

Nach dem Abendbrot guckt Oma meist noch einen Film bis viertel vor 10, dann die Nachrichten, und gegen 22:30 Uhr richtet sie sich fürs Bett. Jeden zweiten Tag, fügt sie noch hinzu, geht sie auf den Friedhof, der direkt hinter dem Haus gelegen ist, um meinen Opa zu besuchen und *»ne Kanne Wasser rüberzugießen«*.

Ich weiß, ich sollte mehr mit meinem Rollator draußen spazieren gehen, aber dazu bin ich ehrlich gesagt zu faul.

Außerdem bekommt Oma oft Besuch; nicht nur ich besuche sie regelmäßig, sondern auch alte Bekannte aus der Zeit, in der sie zusammen mit meinem Opa im Schwimmverein war, ihre Näh-Damen, alte Nachbarn und Nachbarinnen besuchen sie. Und natürlich hängt Oma Inge gern an der Strippe, wie sie zum Telefon sagt. Ihre älteste Freundin, Ilse Beutler, 98 Jahre alt, ruft fast jeden Tag an. Dann unterhalten sich die beiden ein paar Minuten über das Wetter, die Enkelkinder oder die Quizsendung vom Abend vorher. Oma und ich waren auch schon zusammen bei Ilse, was ich dazu genutzt habe, sie zum Thema Freundschaft zu befragen, denn immerhin kennen sich die beiden schon seit 55 Jahren!

Oma, wie sah denn dein typischer Tagesablauf aus, als du etwa in meinem Alter warst?
Mein Mann ist aufgestanden um 6, ich bin um halb 7 aufgestanden, ins Bad gegangen und der Opa, der ist um 7 aus dem Haus gegangen.
Und hast du ihm noch Frühstück gemacht morgens?
Ja! Wir haben immer zusammen gefrühstückt und Kaffee getrunken!

Damals gab es noch keine Gleitzeit, meine Oma musste um halb neun auf der Arbeit sein. Sie arbeitete bis halb fünf, fuhr mit der Straßenbahn 45 Minuten nach Hause und wurde von ihrem Mann bereits zeitunglesend erwartet. Es gab Abendbrot und dann wurden die Füße hochgelegt. Ein Hobby meiner Großeltern war das Gärtnern, so mieteten sie damals ein Stück Grabeland, ein Feld, das ein Bauer der Stadt zur Verfügung gestellt hatte, auf welchem sie Kartoffeln, Erdbeeren, Erbsen, Karotten, Bohnen, Radieschen und Tomaten anpflanzten und später ernteten.

Als meine Großeltern so alt waren wie ich jetzt, hatten sie noch kein Auto, was für größere Einkäufe oft beschwerlich war, und auch am Wochenende konnten sie nicht mal so eben mit dem Auto einen Ausflug unternehmen. Auch mit Bus und Bahn verreisten die beiden nicht, da sie sehr aufs Geld achten mussten. Am Wochenende stand daher meist der Hausputz an, die Wäsche wurde gewaschen, zwar mit der Waschmaschine, aber die hatte keine Schleuder. Oma Inge musste also alle Kleidungsstücke von Hand auswringen, bevor sie die Wäsche im Hof oder auf dem Dachboden aufhängen konnte.

Die Frauen heute haben es da viel, viel besser als früher! Eine Spülmaschine hatte ich aber nicht. Das mag niemand verstehen, aber ich hab' wirklich gern abgewaschen. Eine Mangel hatte man auch nicht damals, also musste man bügeln. Das hab' ich am Sonntag gemacht.

Da ich selbständig und ein kreativer Chaosmensch bin, habe ich kaum einen geregelten Tagesablauf. Dennoch beginnen meine Tage meist nach einem ähnlichen Muster: Ich stehe gegen 8 Uhr auf, schmuse 5 Minuten mit meinen beiden Hunden und mache mir anschließend einen Kaffee. Ich bereite das Essen für die Vierbeiner vor, gebe es ihnen und starte mit Musik, zwei Scheiben Toast und Kaffee in den Tag. Gegen halb 10 mache ich mich mit den Hunden auf den Weg in mein Atelier, wo ich zeichne, schreibe, fotografiere, filme, E-Mails beantworte, Rechnungen schreibe, gestalte und mit Kunden telefoniere. Da ich nicht auf Knopfdruck kreativ sein kann, fällt es mir oft schwer, einen geregelten Arbeits-Flow, wie man so schön sagt, zu haben. Ich kann also nicht von 10 bis 18 Uhr kreativ sein, sondern nur dann, wenn ich es eben bin. Das kann schon mal von 15 bis 22 Uhr der Fall sein oder erst von 20 bis 1 Uhr nachts. Das ist aber wiederum das Schöne an meinem Tagesablauf: Jeder Tag ist anders, das gefällt mir, denn gewisse Routinen sind mir auf Dauer zu langweilig. Ich lebe nämlich nicht nach dem Prinzip: »Working for the weekend«, sondern ich arbeite jeden Tag gerne, auch montagmorgens oder sogar mal sonntagabends, denn meine Arbeit soll mir jeden Tag Spaß machen, nicht nur freitagnachmittags, wenn ich weiß, dass »endlich bald das Wochenende« beginnt. Die einzige tägliche Routine bestimmen meine beiden Vierbeiner, die natürlich ihre Gassirunden benötigen. Wir ziehen morgens, mittags, nachmittags und abends zusammen um die Häuser, sind oft in Parks oder auf Hundewiesen und am liebsten im Wald unterwegs.

Für mich gibt es keine langweiligere Vorstellung, als jeden Tag, das ganze Jahr über (bis auf Wochenende und Urlaub) um 6 Uhr aufzustehen und um 5 nach Hause zu kommen. Ich habe zwei Jahre in einem solchen Job gearbeitet und das waren für mich zwei sehr traurige Jahre. Aber ich merkte immerhin schnell, dass diese Art von Job nichts für mich ist und ich mich nicht den Rest meines Lebens jeden Morgen zur Arbeit quälen will.

Geld zu verdienen ist wichtig, aber meine Energie und mein Wohlbefinden sind mir persönlich wichtiger, als ein dickes Bankkonto. Nicht jeder ist Frühaufsteher, für mich war auch die Schulzeit schon die reinste Qual: Ich war schon damals vor 9 Uhr nicht wirklich aufnahmefähig, und beim Weckerklingeln habe ich mir immer gewünscht, ich hätte Halsschmerzen, sodass ich nicht zur Schule müsste, was tatsächlich auch oft vorkam: Unterschätzt also niemals die Macht eurer Gedanken!

Ich bedanke mich bei Oma Inge für die schöne Folge und frage sie, ob sie es auch schön fand. Sie sagt:

Ja, es ist nur zu schnell alles. So schnell kann ich nicht mehr denken!
Du kannst dir auch Zeit nehmen, um zu denken, dann schneid' ich die Lücken raus.
Ja, mach das.

6.

Vom Influencen und schwäbischen Kittelschürzen

Oma, was war dein erster Beruf?
Postangestellte!

Nach der Schule, mit 16, lernte Oma Inge an einer privaten Handelsschule Stenografie und Maschineschreiben. 1944, sie war 18 Jahre alt, fing sie an, beim Postamt zu arbeiten, welches von ihrem Vater geleitet wurde. Sie war hier Angestellte und durchlief mehrere Ämter, darunter das Postamt, das Telegrafenbauamt, die Reichspostdirektion und das Fernsprechamt, wo es ihr am besten gefiel. Der Wunsch ihres Vaters war es, dass sie Beamtin werden sollte, doch das wollte Inge nicht – sie fand den Beruf »stinklangweilig« und sie sah die Beamtinnen im Fernsprechamt, die vertrocknet und bieder waren; da wollte die Podcast-Oma nicht »enden«. Auf dem Postamt arbeitete man sechs Tage die Woche von 8 bis 12 Uhr und von 14 bis 19 Uhr. Da die Familie meiner Oma in der Dienstwohnung des Postamtes wohnte, fiel der Sonntagsdienst immer auf Oma Inge. Von 10 bis 12 Uhr konnte man Telegramme aufgeben oder Ferngespräche führen. 32457 – das war Omas Telefonnummer – sie weiß sie immer noch auswendig.

Zu den Aufgaben einer Angestellten am Postschalter gehörten der Verkauf von Briefmarken, Postanweisungen (heute Überweisung genannt), Zahlkarten (wenn man etwas per Post geschickt bekam, lag eine Zahlkarte bei und man musste es vor Ort bezahlen),

Telegramme und Päckchen annehmen sowie Ferngespräche vermitteln. Den Dienst am Postschalter teilte sich Oma mit einer Kollegin: Montags, mittwochs und freitags war Inge am Schalter, an den restlichen Tagen wurden von ihr Briefe gestempelt und sortiert. Nach der Flucht nach Rostock arbeitete sie bis 1948 bei der Post, war dort allerdings sehr unglücklich, bewarb sich bei der Warnow-Werft in Warnemünde als Stenotypistin* und wurde auch eingestellt.

Beim Stenografieren geht es um Silben, ich bin aber nie höher als 180 Silben in der Minute gekommen. Es gab Damen, die schafften bis 240 Silben in der Minute! Die wurden auch ausgezeichnet.

Hier blieb sie für fünf Jahre, bis sie mit 27 – nach ihrer zweiten Flucht – in Stuttgart Arbeit als Stenotypistin in einem Verlag fand.

Vom Direktor der Werft erhielt sie eines Tages den Auftrag, einen Brief an die Abteilung der Schweißerei zu schreiben, sie notierte »An die A- + E-Scheisserei« und die beiden lachten noch Monate später darüber, wenn sie sich auf den Fluren des Büros trafen.

Als Oma 1958 schwanger wurde, kündigte sie, denn sie wollte die ersten vier Jahre ganz für ihr Kind da sein.

---

* Ein Schreibberuf, der hauptsächlich in Büros ausgeübt wird. Gesprochener Text (z. B. Geschäftsbriefe oder Diskussionsbeiträge) wird stenografisch aufgenommen und anschließend in Schriftsätze übertragen. Stenografie, auch Kurzschrift genannt, ist eine aus einfachen Zeichen gebildete Schrift, die schneller als die herkömmliche geschrieben werden kann und es ermöglicht, in normalem Tempo gesprochene Sprache mitzuschreiben oder eigene Ideen schneller zu notieren. Den eigenständigen Beruf als Stenotypist oder Stenotypistin gibt es heutzutage kaum noch, meistens ist dies eine Zusatzqualifikation von Sekretären und Sekretärinnen.

Ich sah mein Kind wachsen und gedeihen und das fand ich so wunderbar!

Meinen rechten Unterarm ziert ein Wort, welches Oma mir als Vorlage für den Tätowierer auf ein Stück Papier schrieb. Vier Silben stehen dort, die miteinander verbunden das Wort »Schokolade« ergeben. Schokolade macht uns beide glücklich, deshalb ließ ich mir im Herbst 2018 das Wort in Form eines Stenogramms auf dem Unterarm verewigen.

Mit der vierjährigen Manuela, meiner Mutter, ging Oma Inge 1962 zum Vorstellungsgespräch in eine Spedition, wo eine Stenotypistin gesucht wurde. Im Büro des Chefs stand ein großes Aquarium voller Fische, und die kleine Manuela sagte während des Vorstellungsgespräches laut: *»Mama, ich hab' Durscht.«* Der Chef ging und holte etwas zu trinken, Oma bekam den Job und arbeitete ab dem nächsten Monat halbtags. Vor der Arbeit brachte sie die durstige Tochter in den Kindergarten, nach der Arbeit holte sie sie wieder ab. Der Weg in die Spedition jeden Morgen war für Inge kein leichter, denn die erste Zeit weinte Manuela jedes Mal schrecklich, wenn sie morgens abgeliefert wurde, und Oma weinte dann auf dem Weg zur Arbeit, weil es ihr das Herz brach, ihre Kleine abzugeben.

Bedingt durch ihre Krebserkrankung, kündigte meine Großmutter 1982 mit 56 Jahren. Eine volle Rente bekam sie leider noch nicht, dafür hätte sie bis mindestens 60 arbeiten müssen.

Was war denn dein Traumberuf, Oma?
Das wirst du nicht glauben, aber ich wollte mit meiner Schulfreundin auf eine Kolonialschule. Deutschland hatte früher ja Kolonien. Ich glaube, das war in Togo oder Kamerun, ich weiß es nicht. Da wollten wir also beide hin, mussten aber vorher auf eine Kolonialschule gehen, wo man eingewiesen wurde in die Arbeit. Die Arbeit, das war Kinderversorgen, Menschen helfen, die alleine nicht mehr weiterkonnten. Da hab' ich wohl meine soziale Ader entdeckt. Das hat sich aber bald zerschlagen, und 1944 sprach man überhaupt nicht mehr von Kolonialschulen.
Du wolltest also schon in jungen Jahren weg.
Ja, entweder nach Togo oder Kamerun. Das haben wir uns in unseren jugendlichen Köpfen wunderschön vorgestellt: anderen Menschen helfen zu können. Man musste ihnen auch die deutsche Sprache beibringen und das stellte ich mir toll vor. Nicht als Lehrerin, aber auf so eine andere Art und Weise den Menschen helfen.

Ich frage Oma nach ihrem Gehalt bei der Poststelle: Sie verdiente damals 220 Reichsmark im Monat. Im Juni 1948 mussten alle Bürger der DDR ihr Geld umtauschen. So konnte jeder maximal 70 Reichsmark in neue Geldscheine umtauschen.

Ich hatte nicht so viel und bekam von einem ganz fremden Menschen, der in der Schlange hinter mir stand, 15 Mark geschenkt. Der hätte es wegschmeißen müssen, und ich konnte es gut gebrauchen.

Über etwas wunderte sich meine Oma sehr, als sie damals anfing, in Stuttgart zu arbeiten: Kittelschürzen bei der Arbeit. Ihre Kolleginnen trugen sie über ihrer normalen Alltagskleidung, vermutlich, um nichts schmutzig zu machen, obwohl sie eigentlich keinen Beruf hatten, bei dem etwas hätte schmutzig werden können. Die meisten saßen am Schreibtisch, nahmen Telefonate an und schrieben Briefe an der Schreibmaschine. Doch meine Oma kaufte sich auch eine solche Schürze und passte sich somit ihrem Umfeld an.

Oma mit ihrer Schürze beim Quatschmachen auf der Arbeit.

Vielleicht war das auch nur hier im Schwabenland so. Die Schwaben sind ja bekanntlich auf Sauberkeit bedacht. Andererseits hab' ich Schürzen auch nur in dieser Firma gesehen.

Apropos Schwabenland: Der Dialekt der Schwaben ist ja etwas ganz Besonderes. Da meine Oma aus dem Norden kommt, wo Hochdeutsch gesprochen wird, hatte sie anfangs große Probleme, ihren Chef, ein waschechter Schwabe, zu verstehen. Dabei war es ja ihre Aufgabe, sein gesprochenes Wort in Stenografie zu notieren, um selbiges dann in Schriftform zu bringen. Er konnte oder wollte sich aber nicht sonderlich anstrengen, seinen Dialekt zu unterdrücken, sondern ließ meine Oma in ihrer Anfangszeit für vier Wochen Telefonate annehmen, damit sie Schwäbisch lernte. Schwäbisch zu *sprechen* brachte sie nie wirklich über sich, auch heute nicht, aber *verstehen* tut sie es mittlerweile wunderbar.

Sprechen konnte ich es nicht. Ich konnte einfach nicht.
Aber verstandâ tusch uns middlerweile, gell?
Ja. Sprich du aber bitte mit mir Hochdeutsch.
Ja. Dir hab' ich es übrigens auch zu verdanken, dass ich so gut Hochdeutsch sprechen kann!

Oma Inge trug zur Arbeit meist einen Rock (Hosen trug man als Frau erst später) und eine Bluse oder im Winter einen Pullover. Nach der Arbeit ging man dann seinen privaten Terminen nach, zum Arzt oder mit Kollegen und Freunden eine Cola trinken. Ich frage meine Oma, ob es damals typische Berufe gab, die nur Männer ausübten und sie antwortet:

Ich denk' nur an den Straßenbahnschaffner. Früher gab's keine Frauen, die das machten.

Oma hat immer viel gelacht mit ihren Kolleginnen und Kollegen, es entstanden oftmals langjährige Freundschaften. Eine hat sogar bis heute gehalten, mit der schon erwähnten Frau Beutler. Natürlich gab es auch mal Zicken, aber Oma hat sich mit den meisten Kollegen prima verstanden, ein paar wurden sogar gute Bekannte ihres Mannes.

War es dir früher wichtig, dass dir dein Beruf Spaß machte?
Ja, man muss jeden Morgen gerne ins Geschäft gehen!
Als ihr nach Stuttgart geflohen seid, hast du ja anfangs alleine das Geld verdient. War das für den Opa blöd?
Nö. Der hat sich gedacht, dass er in den nächsten Tagen auch Arbeit findet und er hat auch nicht arg lange gesucht, vielleicht zwei Monate, dann kriegte er auch Arbeit. 1953 waren Handwerksberufe noch begehrt.
Also war es für ihn auch nicht entmutigend, zuhause zu sein?
Nein, wir wohnten ja zu der Zeit noch im Lager, mit zwölf Personen in einem Raum, da hatte er wahrscheinlich viel Unterhaltung, er hat gewaschen, so gut man damals waschen konnte, er hat sogar gebügelt und hat aber auch gerne mal 'n Bier getrunken!

Ich frage Oma, ob sie denkt, dass manche Berufe irgendwann mal aussterben, woraufhin sie energisch *»Ja!«* sagt. Der Bäcker gegenüber zum Beispiel, der bekommt jeden Morgen eine Lieferung roher Backwaren, die er nur noch in seinen Öfen aufbackt. Ein paar Brötchensorten gibt es somit gar nicht mehr, worüber einige Kunden natürlich traurig sind. Ein großes Sportgeschäft in der Nähe meiner Oma hat vor Kurzem zugemacht, da es sich nicht mehr rentiert hat.

Die kaufen alle, wie ihr auch, übers Internet, oder gehen in ein großes Fachgeschäft. Schade. Sehr schade.

Andererseits gibt es heute Berufe, die es vor 60 Jahren noch nicht gab, wie Social-Media-Berater*in, Webdesigner*in, IT-Berater*in, Handyverkäufer*in, App-Entwickler*in, um nur ein paar zu nennen. Ebenso neu ist der Beruf Influencer*in. Ich versuche, meiner Oma zu erklären, was es damit genau auf sich hat.

Weißt du, woher das Wort kommt?
Ich kenn das Wort von früher …
Influenza? Die Grippewelle?
Ach, ja! Daher! Genau!
Es ist ein bisschen was anderes, es hat aber doch was damit zu tun. Was passiert denn bei einer Grippe?
Man kann sich anstecken.
Ja, genau!

Ein Influencer oder eine Influencerin beeinflusst Menschen. »To influence« im Englischen, »beeinflussen« auf deutsch. Das kann auf ganz verschiedene Art und Weise passieren, ich selber bin auf Instagram auch eine Art Influencerin. Mir folgen auf Instagram mehr als 17.000 sogenannte Follower, ich verdiene aber bei Weitem nicht so viel Geld damit, wie es andere mit über 200.000 Followern eventuell tun. Es gibt Influencer*innen, die einmal pro Woche einen Protein-Shake der Marke XY vorstellen: ein Foto, auf dem sie im Sport-Outfit das Getränk trinken, mit dem Hinweis als Fotounterschrift, dass es ihnen unglaublich gut schmeckt, und alle, die sich in den nächsten zwei Wochen auch eines kaufen wollen, erhalten mit einem Gutscheincode 20 Prozent Rabatt. Andere bewerben Hundefutter, Babyfläschchen, Kinderfahrräder, eine neue Sorte Nagellack, Kleidung und noch vieles mehr. Sie alle beeinflussen also, indem sie ihrem Publikum, welches die gleichen Interessen hat, Produkte empfehlen, und sie werden von Firmen meist auch dafür bezahlt, denn es ist nichts anderes als Werbung. Viele verdienen so ihr ganzes Geld.

Bei mir ist es ein bisschen anders, ich habe zwar auch schon Produkte vorgestellt, die mir Firmen zugeschickt oder für deren Präsentation sie mir Geld gezahlt haben.

Doch mehr noch möchte ich Menschen mit Mehrwert beeinflussen und ihnen nicht einfach ein günstiges Angebot für eine Waschmaschine anbieten. Ich glaube nämlich, dass man Menschen auch positiv beeinflussen kann, ohne ein Produkt in die Kamera zu halten. Durch Authentizität, Nahbarkeit und echte Geschichten möchte ich das Bewusstsein für die Umwelt und die Natur, für unsere Körper und unser Denken wecken.

Ich erzähle aus meinem Leben, und so können meine »Zuschauer« fast täglich einen klitzekleinen Ausschnitt sehen, sie können hören, was mich beschäftigt, was ich zu verschiedenen Themen denke, was mich an der Gesellschaft stört oder freut. Das ist nicht mein Beruf sondern vielmehr ein Hobby, das teilweise aber sehr viel Zeit beansprucht, da ich mir immer Zeit nehme, um auch in privaten Nachrichten mit Menschen zu kommunizieren. Ich bekomme mittlerweile zwischen 100 und 400 Nachrichten pro Tag, die ich alle lese und fast alle auch beantworte. Das sind beispielsweise Nachrichten wie »Danke, dass du mich heute zum Lachen gebracht hast!«, »Darüber habe ich mir noch nie Gedanken gemacht, danke für den Denkanstoß!«, aber manchmal bekomme ich auch längere Nachrichten und werde um Rat gefragt. Dieser Austausch gefällt mir. Ich stand schon als Kind immer gerne im Rampenlicht, und es gibt viele Kindervideos von mir, in denen ich mich vor die Kamera drängle und Quatsch mache. Ich bin gerne laut und sage, was ich denke. Über das »Ventil« Instagram kann ich diese Seite von mir voll ausleben. Es macht mir einfach unglaublich viel Freude, Menschen zum Lachen oder auch zum Nachdenken zu bringen.

»Jemanden beeinflussen« klingt zuerst so, als würde ich Leuten vorschreiben, wie sie zu leben haben, oder ihnen sagen, »Wenn ich von dieser Brücke springe, springst du auch!«, was absolut nicht der Fall ist. Nicht für jede und jeden muss meine Meinung und meine Ansicht ebenfalls passen! Ich teile lediglich *meine* Erfahrung, *meine* Meinung und ein kleines Spektrum *meines* privaten Lebens im Internet – als Anregung für andere. Das finden manche zwar doof, aber genauso finde ich manches im Internet doof. Wie gut, dass niemand sich etwas Bestimmtes anschauen muss.

Während ich dieses Buch schreibe, fällt mir auf, dass Oma und ich eine große Gemeinsamkeit verbindet: Das Kommunizieren und das »Menschen miteinander verbinden«.

Studieren wollte Oma Inge nie, denn sie wusste, das war teuer, und die Familie hatte nicht so viel Geld. Ihr Bruder ging aufs Gymnasium (auch das kostete Geld), was für Mädchen damals nicht üblich war. Lieber wollte Oma nach der Schule gleich Geld verdienen, denn sie musste sogenanntes Kostgeld abgeben, welches berufstätige Kinder, die noch zuhause lebten, ihren Eltern zahlten. Oft sparten die Eltern dieses Kostgeld dann, um es den Kindern wiederum zur Hochzeit zu schenken.

Ich frage, was Oma den Menschen empfehlen würde, die unzufrieden mit ihrer Arbeit sind.

Umschulen. Wenn man sich nicht wohlfühlt, muss man aufhören und versuchen, was anderes zu machen. Zufrieden muss man sein. Unbedingt.

Was man oft vergisst: Wir arbeiten durchschnittlich 40 Jahre lang. Angenommen, ein Mensch wird 80 Jahre alt, dann arbeitet er die Hälfte seines Lebens. Wenn uns dabei die Arbeit, der wir unser halbes Leben lang nachgehen, keinen Spaß macht, ist das nicht furchtbar traurig?

Ich selber bin aufgewachsen mit dem Gefühl, auf jeden Fall studieren zu müssen, um es zu etwas zu bringen. Dennoch: Universitäten sind heutzutage überlaufen, Handwerksbetriebe suchen vergebens nach Auszubildenden und Lehrlingen. Wir beide sind der Meinung, dass man auch ohne Studium zufrieden sein und gutes Geld verdienen kann.

Dann frage ich Oma Inge, ob sie eigentlich genau weiß, was mein Beruf ist.

Nein.
Also, wenn du jemandem erklären musst, was deine Enkelin arbeitet, was sagst du dann?
Dann sag ich, was du studiert hast und dann gucken sie mich ungläubig an und erwarten, dass ich ihnen das erkläre.

Ich habe Kommunikationsdesign studiert und gestalte Dinge, die mit Menschen kommunizieren. Darunter fallen relativ viele Sachen; wenn man sich mal umschaut, sieht man vermutlich viele Dinge, die auf ihre Art und Weise kommunizieren: Bücher, Magazine, Flyer, die Zeitung, Visitenkarten, Aufkleber, Logos und mehr. Möchte ein Kunde beispielsweise einen Laden eröffnen und mit mir als Kommunikationsdesignerin arbeiten, gestalte ich für ihn ein Logo, Visitenkarten, die Schaufenster, die Preislisten, Kundenkarten, Werbeanzeigen und Broschüren. Auch unser Podcast ist ein gutes Beispiel für meinen Beruf: Ich nehme ihn mit meiner Oma auf, schneide und bearbeite ihn, lade ihn ins Internet, kümmere mich um die Bewerbung und Sponsoren, ich habe die Illustration gemacht, und auch die Podcast-Oma besitzt Visitenkarten! Während meines Abiturs und Studiums habe ich viele verschiedene Jobs gehabt, um nebenher Geld zu verdienen: Ich war Maskottchen, Hostess, habe Kinder geschminkt, Flyer verteilt, kleine Grafikjobs gemacht, als Hochzeitssängerin Geld verdient, in Boutiquen gejobbt, für Radiosender Promotion gemacht, auf Festivals

Zigaretten verkauft, Marktforschungsprobanten rekrutiert und Kinder gesittet.

Was hast du gedacht, als du erfahren hast, dass ich mich selbstständig machen möchte?
Das tat mir leid. Weil ich so gerne unter Kolleginnen war! Und ich habe gedacht: Oh, sie weiß ja nie, was sie am letzten Tag im Monat in ihr Portemonnaie bekommt. Das weiß man nur, wenn man irgendwo angestellt ist.
Ja, das stimmt. Das ist auch so das Einzige, was ich ein bisschen vermisse. Den einen Tag, an dem ich weiß: Da kommt mein Gehalt.
Also zu meiner Zeit gab's das wohl auch seltener, dass jemand selbstständig war. Heute ist das gang und gäbe.
Selbstständig zu sein hat viele Vorteile, aber auch Nachteile. Ich bin mein Chef. Ich muss alles machen, was eine Agentur machen würde. Ich muss mich um Rechnungen kümmern, ich muss Rechnungen schreiben, ich muss kontrollieren, ob das Geld reinkommt, ich muss meine Steuererklärung machen, ich muss mich um Kunden kümmern, dass ich neue Aufträge bekomme, ich muss mit Druckereien kommunizieren. All das UND dann noch den eigentlichen Job, also kreativ sein, mir Konzepte ausdenken, illustrieren, gestalten, reinzeichnen.
Und hat es dir schon leidgetan, wenn du bedenkst, was du vielleicht doch lieber anders hättest machen sollen?
Ja, ich denke da oft darüber nach, was wäre, wenn ich in einer Agentur angestellt wäre, aber dann kommt schnell der Gedanke, dass ich das nur eine Woche durchhalten würde, von 8 bis 15 Uhr arbeiten zu müssen. Ich habe ja oft

kreative Löcher, in denen ich keine Ideen finde, und wenn ich mir vorstelle, als Angestellte während der Arbeitszeit zwei Stunden lang ohne Ideen an meinem Schreibtisch sitzen zu müssen, käme ich mir ganz schäbig vor, weil ich ja dafür bezahlt würde, nichts getan zu haben. Mit diesem schlechten Gewissen könnte ich nicht leben.

Oma sorgt sich sehr um mich und mein Wohlergehen, vor allem ist sie besorgt, was ist, wenn ich mal krank bin. Ich kann mich nicht einfach krankschreiben lassen oder mal eine Woche nicht zur Arbeit gehen und trotzdem bezahlt werden. Ich war natürlich auch schon mal krank und habe dann im Bett gearbeitet, was glücklicherweise als Kommunikationsdesignerin ganz gut geht. Auch fragt sie mich jedes Mal, wenn wir uns sehen, ob ich genug Arbeit habe, ob ich genug Geld habe, weil ich eben nicht die Sicherheiten einer Festanstellung genieße, was für sie schon immer ein Sorgenfaktor war.

Wir sprechen über Burn-out* ein Begriff, der früher, als Oma noch berufstätig war, so nicht bekannt war. Sie findet traurig, dass heutzutage alles so schnell und hektisch sein muss, und dass möglichst viel möglichst schnell erledigt wird, ohne auf die eigenen Bedürfnisse zu achten. Der eigene Körper und die Bedürfnisse werden oft ignoriert. Man arbeitet, bis man umfällt, weil man sich zu viel zumutet und sich keine Pausen gönnt.

Ich hätte mir deinen Lebensstil zu meiner Zeit, also vor 60 Jahren, nicht vorstellen können.

---

* burn out, englisch für »ausbrennen«. Als »Burn-out« werden bestimmte Arten von persönlichen Krisen bezeichnet, die als Reaktion auf andauernden Stress und Überlastung am Arbeitsplatz auftreten.

Inge, 1954 vor dem Gebäude ihrer ersten Arbeitsstelle in Stuttgart nach der Flucht aus der DDR.

Kim, 2018 im Eingang der Boutique »Schmachtfetzen«, in welcher sie seit 2016 einmal die Woche arbeitet.

7.

DER ERSTE LATTE MACCHIATO, DÖNER UND FLEISCHSALAT

Du weißt nicht, was du zu Ernährung sagen sollst?
Ich kann nicht viel dazu sagen, weil ich das esse und koche, was mir schmeckt. Ich geh' da nicht nach Zeitungsausschnitten und nach Ratschlägen von Doktoren, sondern ich esse das, was mir bekommt und schmeckt.
Was ist das denn zum Beispiel? Was kochst du gerne?
Ich hab' schon mal gesagt, dass ich Milchreis und Grießbrei sehr gerne esse, das kann man zwar nicht jeden Tag machen, aber das mach' ich bestimmt alle 14 Tage! Milchreis mit brauner Butter! Dann drück' ich mit dem Löffel so Dallen in den Milchreis und dahinein gebe ich braune Butter, dann Zucker und Zimt. Bestimmt ungesund, aber ich mag's!
Ich finde auch: Man sollte das essen, was einem schmeckt!

Auch Rindsrouladen isst Oma Inge gerne. Wenn sie Lust hat, kocht sie sich fünf Stück und friert vier davon einzeln ein. Die Roulade isst sie am liebsten mit Rotkraut, das kauft sie im Glas, bräunt sich dazu Zwiebeln und schneidet einen Apfel unter das Kraut.

In einen Topf mit vier Portionen Rotkohl kommen mindestens drei Äpfel rein! Kleingeschnittene, saure Äpfel!
Mmmmh, da bekomme ich direkt Hunger!

Lange dachte ich, ich müsste mich morgens zwingen, Müsli mit Haferflocken zu essen. Ich habe es immer wieder versucht: Haferflocken mit Schokosplittern, Porridge mit Pflanzenmilch, mit oder ohne Früchten, aber nach einem Löffel bleibt mir einfach jedes Mal die Pampe im Hals stecken und ich nehme mir vor: nie wieder. Die »Nie wieder Müsli«-Phase dauert nun schon sechs Monate und jedes Mal, wenn ich im Supermarkt eine Packung Haferflocken in der Hand habe, gehe ich kurz in mich, denke an den Löffel Brei in meinem Mund und stelle sie tapfer wieder ins Regal. Lieber esse ich zum Frühstück gebratenen Reis mit Sojasauce und gedünsteten Karotten.

Ich kauf mir mitunter Müsli mit Beeren drin und dann gebe ich ein paar Löffel in einen tiefen Teller und etliche Löffel ... wie heißen die Dinger, die so schön knacken ... Chips! Nee. Die kleinen Dinger.
Schoko-Crossies!
Nein.
Cornflakes?
Ja! Cornflakes! Und dann Milch. Nur alle vier Wochen einmal. Aber das ess' ich dann gerne. Aber am nächsten Morgen freu ich mich dann wieder auf's Brötchen.

Mittags kocht Oma Inge nicht jeden Tag für sich alleine. Sie bekommt oft von meiner Mutter eingefrorenes Essen vorbeigebracht oder bestellt sich beim Metzger ab und an ein Tagesgericht, oder aber sie geht auswärts essen.

Vieles ist mir zu lästig, das nur für mich alleine zu kochen. Aber das ist auch nicht nötig. Ich habe etliche

Möglichkeiten! Einmal das Stadtessen, immer freitags, das ist wunderbar! Alle vier Wochen kommen da ehrenamtliche Frauen und Männer und kochen. Und das schmeckt, als wenn du von der Mutti bekocht wirst! Wunderbar! Aber nicht jeder macht den gleichen schönen Kartoffelsalat. Manchmal schmeckt er besonders gut! Dann muss ich auch in die Küche gehen und gucken, wer gekocht hat!

Mittwochs kann man im evangelischen Gemeindehaus essen; hierfür muss man sich allerdings schon bis Montag 10 Uhr angemeldet haben.

Das schaff' ich nich'! Ich denk' da mitunter am Montag Abend dran oder Dienstag früh! Dann isses zu spät, daher komme ich selten in den Genuss, dorthin zu gehen.
Hast du schon mal einen Döner gegessen? Ich glaube ja, mit mir, oder?
Ja, mit dir, und auch einmal mit dem Opa. Aber da musst du ja so einen großen Mund haben, wenn du da reinbeißen willst, dass dir das nicht an der Seite alles wieder rausrutscht! Das find' ich unappetitlich. Ist vielleicht geschmacklich gut, aber ich möchte ihn lieber zuhause essen, auf 'nem Teller mit Messer und Gabel, aber nicht unterwegs abbeißen. Was ist nochmal genau ein Döner?

Ich erkläre Oma nochmal die Zusammenstellung eines Döners, dann erzählt sie, dass sie sich öfter mal nach dem Einkauf im Supermarkt beim Bäcker einen LKW, also ein Leberkäsweck, oder auch mal ein halbes Brathähnchen kauft.

Aber das nehm' ich alles mit nach Hause und ess' es da!
Du bist also nicht so der Fan davon, unterwegs Sachen zu essen, ja?
Nein.

Sushi haben wir auch schon zusammen gegessen. Oma isst nämlich gerne Chinesisch, und wir sind schon des Öfteren am Wochenende zum All-You-Can-Eat-Mittagsbuffet in ein großes chinesisches Restaurant gegangen, wo es auch eine kleine Auswahl an Sushi gibt. Da ich sehr gerne und oft Sushi esse und auch schon welches in Japan gegessen habe, weiß ich, wie gutes Sushi schmeckt, und das dort angebotene ist meilenweit von gutem Sushi entfernt. Dennoch habe ich Oma schon ein, zwei Mal ein kleines Lachs-Nigiri auf den Teller geschmuggelt. Ich darf ihr, wenn wir dort essen gehen, immer einen Teller am Buffet befüllen. Am liebsten isst sie gebratene Nudeln, knackige Frühlingsrollen, frittiertes Huhn und die krosse Ente. Gemüse braucht es nicht.

Sushi ist doch dieser weiße Fisch, oder? Kalter, roher Fisch angeblich. Aber der is' gekocht, oder?
Nein, der ist nicht immer gekocht, der ist meistens roh.
Schmeckt mir jedenfalls gut!

Ich dachte immer: Alle Rentner in Deutschland essen um 12 Uhr Mittag. Durch das Gespräch mit meiner Oma wurde das Bild, das ich von Rentnern und Omas allgemein im Bezug auf das Mittagessen hatte, allerdings vernichtet. Oma frühstückt relativ spät, daher hat sie nicht schon um zwölf wieder Hunger und mitunter isst sie entweder gar nichts oder erst um halb zwei.

Ich frage sie, ob sie schon mal was von Glutenunverträglichkeit oder Lactoseintoleranz gehört hat.

Gehört ja, aber nicht zur Kenntnis genommen und nicht verfolgt. Ich hab' viel darüber gelesen und im Fernsehen gesehen, habe mich aber nie sonderlich dafür interessiert, weil ich keinen Grund hatte, mich dafür zu interessieren.

Du hast also keine Intoleranzen, Unverträglichkeiten und keine Allergien?

Nein. Wüsste ich nicht, müsste ich ja merken, oder? Vielleicht spricht so 'n alter Magen nicht mehr an?!

Das gab es früher auch nicht, als du jung warst?

Nein, nur war ich behaftet mit Gastritis, ich hatte viermal im Jahr eine Gastritis.

Das ist eine Magenschleimhautentzündung, oder?

Ja. Jeder Arzt sagte damals: »Das ist normal.« Da hab ich im Krankenhaus Rollkuren gemacht, dann war alles gut, ich musste meine Ernährung nur sehr umstellen: nie zu viel essen, nicht zu viel Schokolade, nicht zu viele Süßigkeiten, keinen Bohnenkaffee trinken, keinen Alkohol – den ich sowieso nicht trinke – bis ich 1998 abends wahnsinnige Bauchschmerzen bekam, mich übergeben musste und auch Blut spuckte. Opa lebte damals noch, es kam ein Arzt, der fuhr sofort mit mir ins Krankenhaus. Ich musste nachts noch diesen ollen Schlauch schlucken und bekam eine Spritze. Es ging alles gut und am nächsten Morgen sagte der Doktor zu mir: »Frau Ziehm, ich verschreibe Ihnen ein Medikament, das nehmen sie zeitlebens und sie werden nie mehr Magenweh kriegen.« Und er hatte Recht. Ich habe bis heute kein Magenweh gehabt.

Ach du nimmst die immer noch?

Ja, morgens und abends eine Tablette. Und jetzt sind es 20 Jahre.

Wir rutschen – im übertragenen Sinne – vom Magen in den Darm. Lange war mir gar nicht bewusst, dass der Darm ja riesengroß ist und unglaublich viel Platz in unserem Körper einnimmt. Jahrelang habe ich ihn mehr oder weniger ignoriert. Ich hatte als Jugendliche viel mit Allergien und Unverträglichkeiten zu kämpfen und habe mich von Ärzten mit Medikamenten vollstopfen lassen, ohne Besserung – ganz im Gegenteil. Heute weiß ich – dank des Internets, diverser Foren und Gespräche mit Heilpraktikerinnen – dass die leichtfertige Einnahme von Antibiotika meinen Darm über die Jahre regelrecht kaputt gemacht hat. Ärzte haben mir Antibiotika verschrieben, ohne auf die Folgen aufmerksam zu machen. Und da saß ich dann mit Anfang 20, allergisch gegen fast alles, was man essen kann. Keine Nüsse, kein Steinobst, keine Beeren, keine Bananen, keine Tomaten, kein Sellerie und so weiter. Ich musste mich unglaublich einschränken und wurde immer wütender auf mich selber, traurig, dass ich nicht einfach all das essen durfte, was andere essen konnten.

Ich bin weder eine Ernährungsberaterin noch eine Ärztin, und das hier ist auch kein Buch über meine Darmgeschichte, aber was ich weitergeben möchte ist: Achte auf dich, auf deinen Darm, deine Gesundheit, sei dir bewusst, was du isst, was du für Medikamente nimmst und dir wird einiges auffallen, wenn du genauer hinschaust! (Dank einer Darmaufbaukur kann ich heute übrigens wieder alles essen!)

Gekocht hat die Podcast-Oma nie gern, lieber hat sie gebacken. Essen war für sie nie so wichtig, Hauptsache, sie war satt. Rostbraten isst sie gern, aber »scharf drauf« ist sie nicht. Ich erinnere mich an einen Satz, den Oma Inge sagte, als sie zu Besuch kam und ich noch ein Kind war. Wir saßen beim Abendbrot und meine Mutter stellte ein Brett mit Käse und Wurst auf den Tisch. *»Welche Wurst ist alt, welche soll ich essen?«*, fragte Oma.

Es kann sein, dass deine Mutti übertrieben schnell Wurst wegschmeißt, die vielleicht nur ein bisschen 'ne andere Farbe hat! »Dann sagt sie, »die kann man nicht mehr essen!«

Essen wegwerfen kennt meine Oma nicht, deshalb war es für sie immer selbstverständlich, zuerst die »alten« Sachen zu essen, bevor man neue kauft oder anbricht. Ein Zeichen des Überflusses, dass wir heute so viele Lebensmittel wegwerfen, obwohl sie eigentlich noch genießbar sind. Als ich noch Milchprodukte aß, war es für mich eine regelrechte Überwindung, einen Joghurt zu essen, der das Mindesthaltbarkeitsdatum schon um einen Tag überschritten hatte. Schwachsinn, wie ich im Nachhinein denke.

Oma kauft Wurst und Käse jedenfalls immer nur in ganz kleinen Mengen ein, gerade so viel, wie sie in zwei oder drei Tagen auch essen kann.

Bei uns hieß es »Essbares wirft man nicht weg.«

Früher gab es ja noch keine Supermärkte, wie heute, mit 100 verschiedenen Sorten Wurst im Kühlregal oder 20 verschiedenen Sorten Marmelade.

So viel Wurst gab es damals gar nicht. Es gab meist zwei verschiedene: 'ne Dauerwurst und 'ne Schinkenwurst. Die Auswahl heute ist zu groß. Unnötig!

Ich selbst muss mich oft »ermahnen«, nicht mehr so viel wegzuwerfen.

Ich denke vor allem immer an die vielen, vielen armen Menschen in der Dritten Welt, die sowas noch nicht mal gesehen haben, was wir so wegschmeißen.

Manche Restaurants, Bäckereien und Supermärkte bieten heute an, die Waren, die über den Tag nicht verkauft wurden und somit sonst weggeworfen würden, kurz vor Ladenschluss für einen günstigeren Preis zu kaufen, was ich eine tolle Idee finde.

Plötzlich schlägt Oma sich die flache Hand an die Stirn.

Ich bin so 'ne doofe Kuh. Ich hätte dir doch vorhin Kuchen anbieten können. Bienenstich.
Den hätte ich aber nicht gegessen, da ist bestimmt Milch drin.
Da ist bestimmt Milch drin, ja.
Ich ess' aber doch keine Milchprodukte mehr, Oma. Das hast du noch nicht so richtig verstanden, glaub ich, oder?
Doch, ich denk nur nicht dran. Keine Milchprodukte.
Aber kannst du nachvollziehen, warum ich keine Milchprodukte mehr esse?
Ja, weil sie dir nicht bekommen!
Das auch. Wenn man sich aber mal überlegt, wieso eine Kuh Milch gibt: Warum gibt eigentlich 'ne Kuh Milch?
Weil sie dafür da is'.
Wenn 'ne Frau schwanger ist, kommt Milch aus ihrer Brust. Warum?
Nee, erst wenn sie 'n Kind bekommen hat.
Ja, stimmt. Warum kriegt die Frau also Milch in der Brust? Um das Kind zu ernähren. Das Kind wird durch die Muttermilch ernährt. Jetzt kriegt 'ne Kuh 'n Kind und was macht die Kuh?

Die lässt das Kälbchen nuckeln.
Genau. Und wenn das Kalb erwachsen ist?
Dann machen das Menschen.
Nee, was isst ein Kalb, wenn es kein Baby mehr ist?
Gras.
Und die Milch von der Kuh?
Wird verkauft.
Genau. Und an diesem Punkt frag' ich mich: Warum trinken wir Menschen die Milch von einem Tier?
Weil die Milch von dem Tier kommt!
Aber die Milch von dem Tier ist doch für das Kälbchen! Wenn du ein Kind zur Welt bringst, kommt doch danach auch keine Firma zu dir und zapft deine Milch ab, für erwachsene Hunde zum Beispiel.
Du meinst, die Milch, die die Kuh dann gibt und du trinkst, ist nicht gesund?
Nicht für den Menschen, nein, die Milch ist ja für das Kalb.
Das Kalb ist dann aber groß und will nicht mehr saugen.
Und eigentlich hört dann die Kuh auch auf, Milch zu produzieren. Aber weil die Menschheit so Milch-fixiert ist, wollen die ja immer mehr Milch. Die machen dann, dass die Kuh wieder schwanger wird und wieder 'n Kälbchen bekommt und wieder Milch produziert.
Hm. Da hab ich mir eigentlich noch keine Gedanken drüber gemacht.
Ja und ich bis vor zwei Jahren auch noch nicht. Wenn man sich das mal überlegt, ist das doch irgendwie ziemlich ekelhaft, dass wir überhaupt Milch trinken oder Joghurt essen und Quark und Buttermilch und Sahne. Das kommt aus 'ner Kuh für ihr Kälbchen.
Und wir essen das. So ist es doch immer schon gewesen.

Ja. Nur warum?
Also ohne Milch und ohne Käse und ohne Sahne, ohne Joghurt möcht' ich echt nicht leben.
Nee? Warum?
Weil das einfach dazugehört!
Eigentlich ist das doch ganz schön absurd, wenn man sich das durch den Kopf gehen lässt, oder?
Da hast du Recht. Aber so überleg' ich nicht mehr. Also Käse darfst du auch nich' essen, oder? Und du könntest auch keine Pellkartoffeln mit Quark essen, die der Schwabe so gerne isst?
Könnte ich machen, ich möchte es aber nicht.

Milchproduktalternativen gibt es heute viele. Natürlich schmeckt eine pflanzliche Crème Fraîche nicht so cremig und fettig, wie die, die ursprünglich aus einem Euter kam, aber man kann seine Geschmacksnerven auch an Neues gewöhnen. Oma befürchtet, dass mein Leben mit den pflanzlichen Ersatzprodukten teurer ist als »vorher«, doch das kann ich nicht bestätigen. Ein bisschen mehr Zeit kostet es vielleicht zu Beginn, die Ersatzprodukte ausfindig zu machen, doch mittlerweile gibt es in fast jedem Supermarkt zumindest pflanzliche Milch oder Sojageschnetzeltes. Und je größer die Nachfrage nach pflanzlichen Produkten, desto größer auch irgendwann die Auswahl in den Supermärkten. Das Bewusstsein für vegane Ernährung entwickelt sich in Deutschland zurzeit recht schnell.

Ich habe mich viel mit anderen Enkeln unterhalten, die sich pflanzlich ernähren oder zumindest kein Fleisch essen. Hier kamen von den Omas oft Sprüche wie: »Aber Hühnchen isst du noch, oder?«, oder »Da ist gar nicht so viel Fleisch drin in der Sauce, die kannst du einfach essen!«

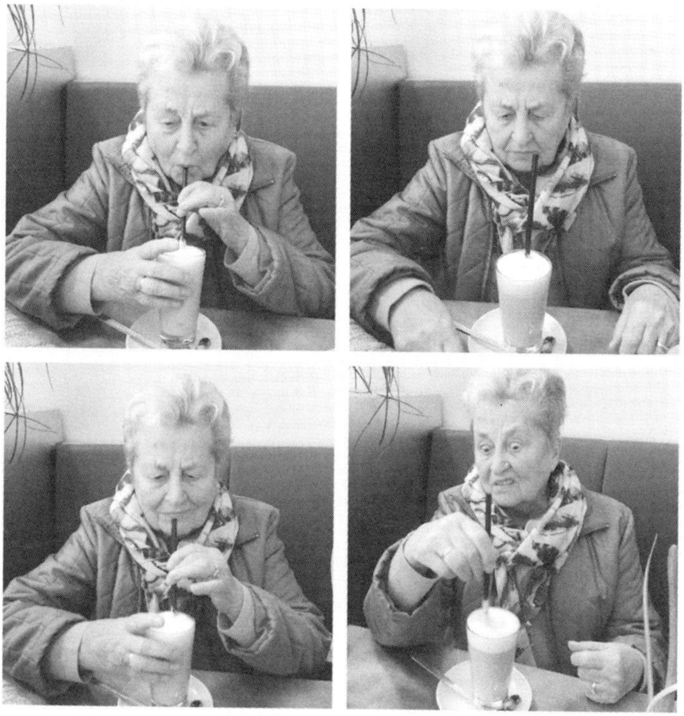

Oma trinkt ihren ersten Latte Macchiato an ihrem 90. Geburtstag, 2016.

Oma Inge ist stets sehr bemüht, mir vom Einkauf etwas mitzubringen, wovon sie denkt, dass ich es essen »darf«, weil sie mir damit eine Freude machen will. Die Erfolgsquote wird immer höher, seit ich ihr erklärt habe, auf welches Zeichen sie auf den Produkten achten muss, damit sie sicher sein kann, dass keine tierischen Produkte enthalten sind. Doch neulich kaufte sie für mich Gemüse in Aspik mit einem gekochten Ei in der Mitte, welches sie für mich extra rauspulte, weil »Ei darfst du ja nicht, stimmt's?« Dass Aspik aus Fleisch hergestellt wird, habe ich nicht erwähnt und tapfer eine Scheibe Gemüse in Aspik gegessen. Wir haben nie darüber gesprochen, denn ich wollte ihr nicht schon wieder sagen *»Das esse ich nicht«*.

Opa konnte nicht kochen. Bis auf Bratkartoffeln. Ich frage, was war, wenn Oma mal krank war und sie nicht in der Küche stehen konnte, um für ihn zu kochen.

Der hat mich nach einer Operation vom Krankenhaus abgeholt und hat gesagt: »So, jetzt fahr'n wir auf'n Fischmarkt, ich möchte nämlich mal Fisch essen.«
Und dann hast du ihm Fisch gekocht, obwohl du krank warst?
Ja. Ich konnte schon den Fisch nicht riechen und sehen, ich wär' am liebsten auf dem Markt zusammengebrochen. Dann bin ich nach Hause und hab ihm Fisch gemacht. Werd' ich gar nicht vergessen. Und er hat sich so gefreut.
Du hast ihm auch nie erklärt, wie man Nudeln oder Reis kocht?
Nee. Er war gern in der Küche, wir hatten da ja die Eckbank, und er war schon glücklich, wenn er dasitzen und lesen oder Radio hören konnte. Da war er mit mir zusammen und wir haben dann sprechen können! Aber er war nicht wissbegierig, wie ich da jetzt die Zwiebel schneide oder was ich mit der Mohrrübe mache.
Er hat dir auch nicht geholfen, eine Zwiebel zu schneiden?
Nein! Darum find ich's ja so toll, dass euer Papa so gerne kocht!

Wenn es bei meinen Großeltern was zu feiern gab und Gäste geladen waren, hat Oma Inge sich immer mächtig ins Zeug gelegt! Es gab gefüllte Eier, Tomaten gefüllt mit Fleischsalat, Himbeertorte, eine gemischte Wurstplatte, Pumpernickel, Tatar, Senfgurken,

Windbeutel, Heringssalat, Käsespieße, Buletten, Donauwelle, Radieschen und Frankfurter Kranz. (Tut mir leid, falls euch jetzt ein bisschen schlecht ist, ich musste gerade selber erstmal einen Schluck Wasser trinken.)

Das Schönste war für uns Kinder immer, wenn nach dem Essen das Würfelspiel vorbereitet wurde: Hierfür legte Oma verschiedene Süßigkeiten in einer Art Schlange oder Spirale auf den gesamten Tisch, und es wurde reihum gewürfelt. Wenn man eine 6 würfelte, durfte man sich eine Süßigkeit nehmen! Ich erinnere mich außerdem, dass ich unglaublich gern Omas Schnittlauchquark aß und von ihr lernte, was rote Grütze ist, allerdings gab es die bei Oma immer püriert. Mein Lieblingsgericht waren (bis ich aufhörte Fleisch, Eier und Milchprodukte zu essen) Königsberger Klopse. MIT Kapern, die ich als Kind jedoch immer raussortiert habe. Teewurst hat meine Oma gern gegessen abends, die kannte ich von sonst niemandem. Und: Alaska-Seelachs-Schnitzel. Wenn ich das irgendwo im Regal sehe, denke ich automatisch an Oma und an Zwiebeln, genau wie bei Fleischsalat. Den gibt es auch meistens bei Oma zum Abendbrot. Sie mag ihn aber nur, wenn er nicht »so lang« ist, soll heißen, wenn die Wurststreifen zu lang geschnitten sind.

Der Fleischsalat von dem Metzger ist gut, was mir nur nicht gefällt, ist, dass er so lang ist! Man muss ihn durchschneiden. Naja, das kann man ja.

Jedes Mal, wenn ich bei meiner Oma zum Essen bin, möchte sie auch meinen Hunden was vom Tisch geben, obwohl ich ihr schon 2017 erklärt habe, dass ich das nicht mag, denn so sitzen die Hunde jedes Mal neben dem Tisch, wenn man selber isst und starren einen mit ihren großen Hundeaugen an. Viele werden diesen

Blick kennen. Dennoch fragt mich die Podcast-Oma jedes Mal, ob sie ihnen nicht doch ein kleines Stück Käse oder einen Finger voll Leberwurst oder einen Löffel Sahnetorte abgeben darf. Nach dem Essen erlaube ich ihr ab und zu, ein bisschen Leberwurst zu füttern. Meine beiden Hunde lieben sie dafür natürlich abgöttisch und wissen, dass es was Leckeres bei Oma gibt, sobald sie den Kühlschrank öffnet. (Sie müssen aber natürlich auch immer was dafür tun, »Sitz«, »Platz«, »Wuff« oder »Pfötchen geben«.)

Oma berichtet mir per SMS im Juli 2019 von ihrem Milchmalheur.

8.

Vom großen Gong und Reisschüsseln für die Ewigkeit

Hallo, Kimi!
Hallo! So, Oma, über was quatschen wir heute?
Was du möchtest. Über Gott und die Welt.
Okay, willst du lieber über Gott oder über Sport reden?
Lieber über Sport, weil über Gott wüsste ich nichts.
Was weißt du denn so über Sport?
Ich hab' gerne geturnt früher in der Schule!
Du warst gestern auch beim Sport, stimmt's?
Ja.
Was haste da gemacht?
Qigong! Das erste Mal in meinem Leben!*

Dienstags wird in Omas Einrichtung (sie lebt in einem Gebäude, das Anschluss an ein Seniorenheim hat; in den Wohnungen sind Notrufknöpfe angebracht, sodass die Bewohner jederzeit die Sanitäter alarmieren können, wenn ihnen etwas passieren sollte) Sport angeboten. Die Stunde kostet drei Euro und seit Neustem wird dort auch Qigong angeboten. Tatsächlich kannte ich diese Sportart selber noch nicht und machte mich schlau, als

* Beim Qigong, »Arbeit am Qi«, einer chinesische Meditations-, Konzentrations- und Bewegungsform, werden Körper und Geist gestärkt. Mit Atem-, Körper- und Bewegungsübungen, Konzentrations- und Meditationsübungen soll der Qi-Fluss im Körper reguliert werden.

Oma mir per SMS ein paar Tage vor unserem Podcast-Date davon berichtete.

Der Kurs findet im Raum der Begegnung statt, fünf Damen und ein Herr werden von einem Doktor instruiert. Ich frage Oma, ob sie vorher wusste, was sie erwartet:

> *Ja, man hat es mir vorher erklärt! Ich dachte allerdings erst, dass es was mit Hypnose zu tun hat und hab von Anfang an gesagt: »Da geh' ich nicht mit!« Bis mir dann mal jemand sagte: »Nein, Frau Ziehm, das ist Turnen!« Oh ja, Turnen – da mach' ich mit!*

Die älteren Herrschaften setzten sich alle in großem Abstand zueinander auf einen Stuhl, sodass niemand mit seinem oder seiner Nebensitzer*in in Berührung kommt und dann warteten sie auf den »Herrn Doktor«, wie meine Oma ihn nennt.

> *Es war eine Minute nach zehn als er kam, sich seine Schuhe und Strümpfe auszog – aber nur Schuhe und Strümpfe –*
> *Ach, schade …*
> *Ja, und dann ging's los! Er setzte sich in die Mitte, sodass ihn jede*r angucken konnte und er hatte einen großen Gong.*

Wir kichern eine Weile über den großen Gong und den »Quirl«, also den Klöppel, den der »Herr Doktor« als Gegenstück zu seinem großen Gong benutzte. Er schlug also mit dem Klöppel gegen den Gong, (Oma kann das Geräusch im Podcast sehr gut widergeben, ihr solltet euch auf jeden Fall die Folge 12 anhören!) die anderen im Raum saßen in geduckter Haltung auf ihrem Stuhl während Oma sie beobachtete: Die Hände im Schoß, die Augen geschlossen.

Oh Gott, hab' ich gedacht, na, das machst du nicht. Ich hab' alle angeguckt und beobachtet. Er hatte die Augen auch zu. Der zweite Gongschlag kam, der dritte Gongschlag kam, also ich müsste jetzt lügen, ich weiß es nicht mehr: Hat er dreimal oder hat er fünfmal gegongt? Ich fand's furchtbar lang. Aber er wurde fertig und alle richteten sich auf und wir harrten der Dinge. Und dann sagte er seine Übungen an. Arme auseinander, den rechten Arm nach oben, den linken nach unten. Alles vielleicht zehnmal. Die Übung kann ich euch hier ja nicht vormachen, ich kann's nur beschreiben.

Auch Oma Inge zog sich irgendwann ihre Schuhe aus, denn sie merkte, dass es ohne wohl angenehmer wäre und sie die Übungen, die die Fußballen beanspruchten, besser ausführen konnte. Die anderen Teilnehmer, im Alter zwischen 80 und 93 Jahren, zogen sich ihre Schuhe nicht aus. Alle Übungen wurden im Sitzen gemacht.

Es war für mich – muss ich ehrlich sagen – langweilig. Wobei ich dachte, das ist wohl der Sinn der Sache, es langsam zu machen. Jede Übung machten wir zehn-, zwölfmal! Und alles ganz langsam.

Als die Stunde sich dem Ende näherte, wurde nochmals auf den Gong geschlagen, und Oma Inge stand auf, doch es war nicht der Schlussgong und sie musste sich wieder hinsetzen. Nach fünf weiteren »Gongs« wurde sie dann entlassen. Muskelkater, so meinte der »Herr Doktor«, könne vorkommen, wenn die Teilnehmer*innen alle Übungen richtig gemacht hätten. Oma hatte auch Muskelkater, jedoch – wie sie behauptet – nicht vom Qigong, sondern vom anschließenden Treffen mit ihrer Tochter; die beiden pflegten nach Omas Qigong-Kurs das Grab meines Opas. Hier bückte sie sich 20- bis 25-mal und klagt während unseres Gesprächs über Rückenschmerzen. Trotzdem möchte sie den Kurs weiterhin besuchen, er sei ja *»so billig«*. Außerdem findet Oma, dass auch alte Leute noch Sport machen sollten:

So lange sie das können, sollten sie das machen! Und wenn sie nicht alles mitmachen können, dann eben nicht!

Seit zehn Jahren geht die Podcast-Oma jeden Freitag außerdem ins Turnen. Eine Stunde können hier die Bewohner*innen kostenlos Übungen, die sich vom Qigong allerdings grundlegend unterscheiden, unter Anleitung machen. Hier nutzen die Teilnehmer*innen den Stuhl als Stütze.

Wenn ich da mal nicht hingehen kann, tut's mir schon leid. Also, ich würde jedem raten, wenn er noch einigermaßen kann, Sport zu machen!

Etliche Damen in ihrer Nachbarschaft weigern sich, Sport zu machen, weil sie behaupten, sich nicht mehr bewegen zu können. Das findet Oma schade, denn man bleibt mit Sport – auch im hohen Alter – fit, sie ist ja das beste Beispiel dafür!

Die einzige Bewegung, die manche Nachbar*innen haben, ist der Weg zum Briefkasten einmal am Tag, in der Hoffnung, auf dem Hausflur jemanden zu treffen, mit dem sie ein paar Worte wechseln können.

Man sieht also, wenn man nicht mal mehr aus der Wohnung kommt, wird man einsam und verlernt vielleicht sogar das Sprechen.

Oma Inge hat eigentlich schon immer gerne Sport gemacht, ebenso gerne schaut sie Sport im Fernsehen: Tennis, Biathlon, Wintersport allgemein. Zusammen mit meinem Opa ging sie früher auch einmal die Woche zum Schwimmen. Von meinem Opa, der Rettungsschwimmer bei der DLRG war, lernte ich schon mit 4 Jahren Schwimmen, machte mein Seepferdchen, das bronzene, silberne und goldene Schwimmabzeichen und war bis zu meinem zwölften Lebensjahr im Schwimmverein, wo ich ein paar Jahre lang auch an Wettkämpfen teilnahm.

Heute noch ist meine Oma in engem Kontakt zu Freunden aus der Zeit, in der sie mit ihrem Mann regelmäßig zum Schwimmen ging. Ein Paar, 87 und 89 Jahre alt, geht immer noch regelmäßig jeden Donnerstag ins Schwimmbad; sie feierten in diesem Jahr ihre eiserne Hochzeit, und auch Oma Inge wäre dieses Jahr 65 Jahre mit ihrem Walter verheiratet gewesen.

Treppensteigen mag Oma nicht. Die Knie machen nicht mehr so mit bei den meisten 93-Jährigen, das ist klar. Doch jeder sagt zu ihr: Steig' sie trotzdem versuch' es weiter, auch wenn es wehtut!

Aber wieso sollte ich mir die Schmerzen antun, wenn nebendran der Fahrstuhl ist?!

Oma Inge ist eine sehr willensstarke Frau; so kam sie zum Beispiel in meine beiden letzten Wohnungen zu Besuch, obwohl sie wusste, dass sie circa 70 Treppenstufen erwarteten. Oben angekommen, musste sie sich aber erstmal setzen und 15 Minuten verschnaufen. Sie geht auch jeden Montag 18 Stufen zu ihrem Treffen mit den

Nähdamen, hier sagt sie sich aber jedes Mal, wenn sie oben ankommt: »Das war das letzte Mal!« Aber dann überlegt sie es sich und denkt spätestens nach dem Treffen: »Ach was soll's, das werd' ich die paar Jahre auch noch schaffen!«

Ich sage ihr, sie soll die Treppen jedes Mal als neue Herausforderung ansehen. Auf jede Stufe, die sie nach oben oder nach unten (denn Treppabsteigen ist genau so strapaziös für ihre Knie) geht, kann sie stolz auf sich sein. Vielleicht haben sie auch die Treppen, die sie 50 Jahre lang in den zweiten Stock auf- und abging, fit gehalten.

Wir blicken noch einmal zurück in Omas Schulzeit, hier hat sie im Sportunterricht am liebsten Stangenklettern gemacht. An der senkrechten Stange war sie oft die Erste, die barfuß daran hochkletterte. Das Turnen am Reck und an Ringen, Bockspringen und Gymnastik gefiel ihr ebenfalls. Es wurde und wird zu wenig Sport gemacht, sagt die Podcast-Oma. Kinder sollten viel mehr in Bewegung sein, vor allem in der Schule.

Fußball gibt's auch noch, aber davon versteh' ich gar nichts.
Aber schaust du Fußball?
Ja. Seit meine Ilse gerne und regelmäßig guckt und mir immer sagt, wer nicht gut gespielt hat, hab' ich gedacht: Das musste doch auch 'n paar mal gucken. Also wenn die deutsche Mannschaft spielt, dann guck ich schon. Als der Opa noch lebte, hab' ich nie geguckt. Da hab' ich mich irgendwo hingehockt und genäht, weil's mich gar nicht interessiert hat. Aber irgendwie freut man sich doch, wenn die deutsche Mannschaft gewinnt.

Formel 1 schaut sie auch ab und an und freut sich, wenn auch mal **nicht** der gewinnt, der immer gewinnt.

Das ist doch auch schön, für die, die dann mal gewinnen. Warum muss immer der eine gewinnen, der Engländer, wie heißt er?
Hamilton.
Ja, der.

Unser Sportthema ist hiermit abgeschlossen, und wir widmen uns wieder einem Thema, worüber wir oft sprechen: Tattoos.

Mein erstes Tattoo ließ ich mir mit 19 stechen. Ein kleiner Regenbogen unterhalb des Ellenbogens. Ich bin jetzt 32, und meine Arme zieren über 26 Tattoos, kleinere, größere, bunte, hauptsächlich Motive, die etwas mit Essen zu tun haben, wie zum Beispiel eine Banane, ein Donut, ein Croissant, Pommes oder eine Schüssel voll Reis. Meine Oma war von Anfang an nicht begeistert, dass ich mich habe tätowieren lassen, mittlerweile versteht sie, dass es für mich Körperschmuck ist, wie für andere Ketten, Ohrringe oder Armreifen, und sie findet auch meine Tattoos mehr oder weniger schön. Trotzdem sagt sie, wann immer ich ihr ein Neues zeige: *»Jetzt reicht's aber, Kimi.«* Das kann und will ich ihr allerdings nicht versprechen, denn wann immer ich Fotos von mir sehe oder auch Videoaufnahmen: Ich sehe nicht die Tattoos, sondern die Lücken zwischen den Motiven und ich denke »Da würde noch was Schönes reinpassen«, oder: »Da ist aber noch eine riesige Lücke!«

Musst nicht mehr machen. Nein. Dann hör' ich sofort auf mit dem Podcast. Du hast genug!
Aber das ist meine Art, mich zu verwirklichen. Ich find' das schön!

Ja?
Ja!
Wenn du das in drei Jahren wieder wegmachen würdest …
Nee, ich will das doch nicht wegmachen.
Aber irgendwann möchtest du's vielleicht.
Nein, warum? Dann würd' ich mir das doch jetzt nicht stechen lassen.
Kürzlich ist in der Zeitung ein großer Artikel gekommen, ich wollt's noch ausschneiden. Die Bunten sind gefährlich wegzumachen.
Wieso sollte ich mir dann aber eins stechen lassen, nur um es dann wieder entfernen zu lassen?!
Warum heiraten manche und lassen sich nach fünf Jahren wieder scheiden, weil sie sich nicht mehr mögen?
Ich mag auch ein paar Tattoos nicht mehr so sehr wie ich sie mal mochte, aber zu der Zeit mochte ich das Motiv, und das erinnert mich an diese Zeit und vielleicht auch an Ereignisse, die zu der Zeit passiert sind. Und ich suche mir auch im Voraus die Tattoo-Künstlerin oder den Künstler sorgfältig aus.
Also, nichts über deine Tattoos, die sind wunderschön.

Für mich ist jedes einzelne Motiv auf meinem Körper ein Kunstwerk. Andere hängen sich ein Gemälde ins Wohnzimmer, ich lasse mir von Künstlerinnen und Künstlern ihre Kunst auf dem Körper verewigen. So kann es nicht kaputt und auch nicht verloren gehen oder sogar gestohlen werden. Für mich ist es eine Kunstform, das Tätowieren und ich liebe jedes einzelne Kunstwerk auf meinem Körper, daher würde ich mir auch keines davon weglasern lassen.

Och Kimi, aber jetzt ist doch genug.
Nee, ich finde, es ist noch nicht genug.
Mal dir doch selber was hin, jede Woche neu.

Hier am Esstisch entstehen die Podcast-Folgen seit Sommer 2018.

9.

WAS LOCKENWICKLER MIT SCHLAGBOHRERN GEMEINSAM HABEN

Als ich die Wohnung meiner Oma betrete, um eine neue Folge mit ihr aufzunehmen, ist sie käsebleich und schaut mich mit entsetzten Augen an:

Kim, du glaubst nicht, wer heute angerufen hat!!!

Ich habe eine Vermutung, lasse Oma Inge aber erzählen:

Um elf etwa ging das Telefon und ich sah auf dem Display keinen Namen, sondern eine lange Nummer und glaubte, das sei eine Handynummer. Ich meldete mich und ein junger Mann sagte: »Hallo Oma!« Ich sagte auch »Hallo?« und da fragte er: »Erkennst du mich nicht wieder? Ich bin doch dein Enkel!« Und da habe ich gesagt »Welcher?« und er daraufhin: »Hast du mich vergessen?« Und dann hab' ich sofort aufgelegt.

Ein Enkeltrickbetrüger! Unglaublich. Direkt nach dem Telefonat ging meine Oma zu ihrer Nachbarin, um sich Rat zu holen, und die empfahl ihr, sofort bei der Polizei anzurufen und den Anruf zu melden. Die Polizei lobte meine Oma, es sei gut, dass sie gleich angerufen habe, der Vorfall wurde gleich der Kriminalpolizei gemeldet. Am Telefon wollte der Polizist wissen, wie alt die Stimme ungefähr klang, ob der »Enkel« einen Dialekt hatte, oder einen Akzent. Für meine Oma klang der Anrufer zwischen 25 und 30 Jahre alt und er sprach Deutsch ohne Akzent oder Dialekt. Den ganzen Tag war sie noch aufgeregt. Was für ein Glück, dass sie nicht auf den Trick reinfiel. Erst zwei Tage vorher hatte sie in der Zeitung von Trickbetrügern gelesen, die sich am Telefon als Polizisten ausgaben und die Angerufenen nach deren Kontonummern fragten.

Wir trinken auf den Schock erstmal einen Sanddornlikör aus Usedom, den meine Eltern aus dem Urlaub mitbrachten.

Prost, mein Schatz!
Prost! Schmeckt ein bisschen eklig.
Der hätte kalt sein müssen.

Ich wurde aufmerksam gemacht auf eine online-Bewertung, die unser Podcast auf iTunes erhielt. Darin steht, dass ich in einer Folge zu viel kichern würde. Ich erzähle Oma von dem anonymen Kommentar und sie sagt:

Das ist schlecht. Denn wenn man etwas bemängelt, muss man seinen Namen angeben. Für anonyme Sachen bin ich gar nicht.
Ich kichere jetzt so oft und so lange ich will.
Genau.

In der Anfangszeit unseres Podcasts erreichte mich eine Frage besonders häufig: Wie hat sich die Rolle der Frau im Laufe der Jahre verändert? Ich stelle meiner Oma diese Frage und füge hinzu:

Wie wurden die Frauen früher angesehen? Hatte man viel zu sagen als Frau?

Nein. Es hat sich sehr viel geändert. Wenn ich an meine Mutter und meinen Vater denke: Die haben 1933 geheiratet – mein Vater zum zweiten Mal – und da wurde immer nur über Sachen gesprochen, die nur der Mann bestimmt hat. Die Frau alleine hat glaub ich nie die Macht gehabt, etwas allein zu bestimmen oder zu kaufen. Und das hat sich fortgesetzt bis lange nach dem Krieg. Wir Frauen hatten schon einen besseren Stand als zur Zeit meiner Eltern, aber nach unseren Wünschen wurde trotzdem nicht viel gefragt. Die Männer haben bestimmt. Man konnte es ja in der Politik sehen: Waren da damals so viele Frauen wie heute? Niemals. Niemals!

Oma Inge erzählt, dass man früher als Frau Respekt vor Männern hatte. Angst nicht, aber Respekt. Frauen, die auch mal laut ihre Meinung äußerten oder aufmüpfig wurden, kannte meine Oma nicht. Es gab sie sicher, aber Oma kann sich nicht entsinnen, »so eine« kennengelernt zu haben.

Ich frage sie, wann sich dieses Verhalten der Frau ihrer Meinung nach geändert hat.

Nach dem Krieg. Als die Männer zum Teil gefallen waren und in Gefangenschaft gerieten, da waren die Frauen ja gezwungen, über sich selbst und die Kinder zu entscheiden. Da fing es eigentlich an, dass die Frauen selbstbewusster wurden. Ist ja klar. Wen wollten und sollten sie auch um Genehmigung fragen?

Viele Männer und Väter kamen 1956 erst wieder zurück nach Deutschland, nach jahrelanger Kriegsgefangenschaft, was für die Familien oft kein fröhliches Wiedersehen bedeutete.

Die Frau heute hat's schon leichter. Finde ich.

Im Beruf hat Inge nie etwas von Ungerechtigkeit zwischen Mann und Frau gemerkt. Sätze wie »Das ist nichts für eine Frau« hat sie dagegen oft gehört. Stichwort Führerschein. Ein Freund meines Großvaters war mit seiner Familie aus Mecklenburg ins Schwabenland geflüchtet und lebte in der Nähe von Stuttgart. Seine Frau konnte Autofahren und sagte oft zu Inge: »Kannst du denn immer noch nicht Autofahren?!«, woraufhin ihr Mann antwortete: »Du hast Autofahren auch im Osten gelernt, hier würdest du das nie lernen!« Da kochte Omas Seele und sie wollte es allen beweisen. Abends sagte sie zuhause zu Opa Walter: »Deinem Freund werd' ich's zeigen!« Direkt am nächsten Tag holte sie sich in einer Fahrschule einen Fragebogen, fing bald darauf an, die Theoriestunden zu besuchen und bestand ihren Führerschein mit 38 Jahren. Mit diesem Triumph wollte sie natürlich auch bei Opas Kumpel Eindruck schinden, doch kam es dazu nie, denn das Paar hatte sich kurz vor der Führerscheinprüfung scheiden lassen und der Kontakt endete abrupt.

In einer früheren Folge erzählte Oma, dass ihr Mann früher – bis auf abwaschen und abtrocknen – selten in der Küche mitgeholfen hat. Kochen konnte mein Opa nur Bratkartoffeln und Spiegelei. Dinge wie Löcher bohren, Nägel in die Wand schlagen oder Batterien wechseln: **Das** waren die Aufgaben des Mannes.

Das konnte ich nicht, da hatte ich zwei linke Hände. Die hab' ich aber vermutlich von meinem Vater geerbt, denn der konnte das auch nicht. Der saß nur am Schreibtisch und meine Mutter hat Bügeleisen repariert und Sicherungen eingedreht, wenn sie kaputt waren. Also ich glaube, ich bin da sehr doof. Aber heute muss ich natürlich schon mal alleine einen Nagel in die Wand schlagen. Ich kann es auch; zumindest nach mehreren Versuchen und Löchern in der Wand ...

Die Nägel in den Wänden bei meiner Oma hat meine Mutter gehämmert. Auch ich habe eine Vorliebe für Nägel, Schrauben, Dübel und besitze sogar einen Schlagbohrer. Eine Lampe installieren oder den Abguss am Waschbecken abschrauben: Kein Problem für mich, ich habe früher oft meinem Papa zugeschaut, wenn er Dinge im Haushalt repariert hat und musste auch oft helfen, Schrauben suchen, die richtige Zange finden und den Staubsauger halten, wenn er bohrte. Als Frau zu sagen »Ich warte lieber, bis das mal ein Mann erledigt«, finde ich schade! Je mehr man sich zutraut und ausprobiert, desto spannender ist doch das Leben.

Es ist wunderschön, wenn 'ne Frau etwas alleine machen kann! Aber ich kann's leider nicht.

Ich spreche mit meiner Oma über geschlechtergerechte Sprache, also den Sprachgebrauch, der die Gleichstellung der Geschlechter zum Ausdruck bringen will: »Liebe Lehrer« wird zu »Liebe Lehrer und Lehrerinnen«, »an alle Schüler« wird zu »an alle Schüler und Schülerinnen«. Aufgefallen ist das meiner Oma noch nicht und sie fragt:

Ach, hat man das früher nicht gemacht? Hat man früher nur die Männer angesprochen, meinst du? Es gehört sich natürlich, dass man die weiblichen Personen auch nennt. Find' ich gut!

Ich persönlich finde das ein verblüffendes Ding in unserer deutschen Sprache, wenn man sich darüber mal Gedanken macht. Der Wunsch nach der Gleichstellung der Frau wird in unserer Gesellschaft in den letzten Jahren immer lauter, die Sprache und deren Gebrauch sollte dabei natürlich nicht unverändert bleiben.

Oma findet Frauen im Hosenanzug schick. Viele Damen tragen heute wieder Kleider; wenn man eine gute Figur hat, wie Oma sagt, kann man das auch tragen. Wenn man aber pommersche Einheitsbeine hat, so wie sie, dann sehen Hosen schöner aus.

Ich finde die Beine meiner Oma wunderschön. Man sieht, dass sie sie schon seit 93 Jahren durchs Leben bringen. Allgemein finde ich es unheimlich schön, wenn man altert und die damit verbundenen Veränderungen am menschlichen Körper sieht. Lachfalten, Altersflecken, Besenreißer, Krampfadern, blaue Flecken, Narben. Wieso soll man einem nicht ansehen, dass man gelebt hat? Wieso gibt es im Drogeriemarkt über 29 Anti-Faltencremes? Wieso sehen auf Instagram gefühlt alle 20-jährigen Mädchen exakt gleich aus? Was ist passiert? Ich frage meine Oma, ob sie sich damals als jugendliches Mädchen auch manchmal vor den Spiegel gestellt hat und gedacht hat: »Ich bin fett und hässlich, meine Oberschenkel sind zu dick, mein Bauch auch.«

Warst du als 20-Jährige zufrieden mit deinem Körper?
Ja.
Fandst du dich sexy?
Das Wort gab's damals noch nicht. Aber ich fand mich ansehnlich. Attraktiv nicht.
Hast du dich zwischen 20 und 30 auch mal nackt im Spiegel angeguckt und gedacht: Joa!
Nee.

Also hattest du nicht so ein richtiges Verhältnis zu deinem Körper?

Nein.

Du hast aber auch nicht gedacht, dass du fett bist?

War ich ja nicht. Ich hatte wenig Busen, hab aber immer geglaubt, dass da noch was kommt! Wenn man mal ein Kind hat und stillt.

Aber ein Minderwertigkeitsgefühl hattest du nie?

Nö. So wie ich war, so war ich gut.

Das find' ich schön.

Dass meine Nase zu lang oder zu groß war, nein, das hab' ich damals nicht gedacht. Wir hatten andere Sorgen!

Zu der Zeit, als Oma so alt war, wie ich heute, gab es im Drogeriemarkt Puder und Rouge. Auch die Frauen in der Werbung, in Zeitschriften, auf Reklamepostern waren nicht zugekleistert und aufpoliert mit Photoshop, wie es heute der Fall ist. Hildegard Knef war laut meiner Oma eine der ersten Frauen in Deutschland, die sich nackt hat fotografieren lassen.

Das war 'ne Sensation! Und heute ist das alltäglich. Klar, die hatte einen schönen Körper, aber das hätte ich nie gewagt!

Ich merke eine Veränderung. Immer noch sieht man in Klatsch-Zeitschriften jede Woche Titel wie »Schnell einen flachen Bauch!« oder »In 7 Tagen zur Bikini-Figur« mit Tipps, wie man innerhalb von einer Woche möglichst viel Bauchspeck verliert, um im Bikini möglichst genau so auszusehen, wie es uns ein breit grinsendes Sportmodel auf dem Titelblatt zeigt. Trotzdem geht eine große Bewegung durch die Medien und vor allem durch die sozialen

Medien: Vielfalt soll wieder gefeiert werden! Überall freuen wir uns über Vielfalt, wieso nicht auch bei Körpern? Müssen alle Frauen Kleidergröße 36 tragen und alle Männer einen Waschbrettbauch haben? Ich denke nicht!

Oma? Wann hast du mitbekommen, dass es Schönheitsoperationen gab?
Als meine Augenlider anfingen zu hängen. Ich habe eine Schauspielerin im Fernsehen gesehen, die sich ihre Lider hat straffen lassen. Da dachte ich: Das machste auch. Aber deine Mutter hat mir davon abgeraten.
Wie alt warst du denn da und warum wolltest du das machen?
70! Weil das doof ist, wenn die Augenlider fallen! Guck mich doch an, das ist nicht schön!
Aber das gehört doch zum Altwerden dazu.
Nee! Ich kenn' viele Damen, die haben alle noch schöne, straffe Lider!
Die haben dann vielleicht anders gebaute Lider, nicht jeder hat ja die gleichen Augenlider!
Das seh' ich wohl ein.
Es beeinträchtigt dich doch nicht in deinem Sehvermögen.
Nein, aber wenn mich jemand anschaut.
Du denkst also, weil es bei anderen »schön« aussieht und nicht so wie bei dir, findest du deinen Zustand nicht schön?
Genau.
Du willst also, dass alle Menschen gleich aussehen.
Nein, aber meine Augen sehen verbraucht aus.

Oma hat sich die Augenlider nicht straffen lassen, denn sie hatte auch Angst davor und dachte an Dagmar Berghoff, die ehemalige

Tagesschau-Sprecherin, die heute mit knapp 75 kaum wiederzuerkennen ist. Also sagte sie sich: »Lasse hängen!«. (Danke Mama, dass du Oma damals verboten hast, sich unters Messer zu legen!)

Heute lassen sich manche Mädchen mit noch nicht mal 20 Jahren Botox ins Gesicht spritzen. Nervengift. Warum? Weil es viele so machen und auf jedem zehnten Instagram-Profil ein Mädchen mit »dicker Lippe« zu sehen ist. Alle Falten werden entweder mit einer App wegretuschiert oder aber – mit dem nötigen Taschengeld – weggespritzt. Es ist nicht mal mehr die höckerige Nase, die einem das Leben schwerer zu machen scheint, die begradigt wird – nein – es wird bereits an jungen Menschen rumgeschnippelt, weil es gerade im Trend ist. Das mag man kaum glauben. Wissen wir überhaupt noch, wie eine ungeschminkte Frau aussieht? Hat die immer »perfekt« aussehende Frau auf Werbeplakaten, mit wallendem Haar, buschigen Wimpern, vollen Lippen und schmaler Taille das Bild der natürlichen Frau zerstört? Die Beauty- und Modeindustrie freut sich. Sie verdient Geld mit unsicheren Menschen, die geprägt sind von Werbung, Zeitschriften, dem Fernsehen – Bildern, auf denen Haut glatt und matt, Lippen prall und rot, Oberschenkel schlank und rasiert sein müssen.

Als Oma und ich zusammen für Interviews ins Fernsehen eingeladen wurden, wurden wir vorher in der Maske geschminkt. Eine dicke Schicht Make-up, Puder, Rouge, für mich Wimperntusche, Lidschatten und Lippenstift, für Oma ein bisschen Lipgloss. Durch die grellen Scheinwerfer im Fernsehstudio sieht man ungeschminkt blass aus – so die Antwort der Maskenbildnerin, die ich zu diesem Thema befragt habe. Wäre man für eine Fernsehaufzeichnung im Scheinwerferlicht nicht geschminkt, auch als Mann übrigens, sehe man »krank« aus. Auch ich wurde schon des Öfteren gefragt, ob ich krank sei, wenn ich mal einfach nur nicht geschminkt war.

Oma und ich zu Gast in der Sendung »Kölner Treff«, 2018.

Hast du dich früher eigentlich geschminkt?
Nee, nie. Nur manchmal Lippenstift.
Rouge?
Nein! Das Rouge, das ich noch im Bad habe, das hat mir mal irgendeine Drogistin geschenkt. Ob das noch was Wert ist, weiß ich nicht. Warum sollte ich Rouge draufmachen, ich hab' immer rote Wangen gehabt!

Mit 22 ließ sich Oma Inge heimlich fotografieren. Der Fotograf stellte das hübsche Portrait ins Schaufenster. Natürlich sah Inges Vater im Vorbeigehen das Foto und ließ es sofort entfernen. Seine

Tochter sollte nicht im Schaufenster eines Fotografen präsentiert werden! Das Original steht gerahmt in der kleinen Vintage-Boutique, in der ich einmal die Woche arbeite. Ich finde, meine Oma sieht darauf aus wie eine berühmte Hollywood-Schauspielerin in den 50er Jahren.

Oma Inge mit 22 Jahren

Ich habe meine Oma noch nie schlecht frisiert gesehen.

Alle zwei Wochen geht sie zum Friseur. Dann bekommt sie die Haare gewaschen und »gelegt«, sie werden auf kleine Wickler gedreht und unter der Wärmehaube getrocknet. Das erste Mal beim Friseur war Oma mit 16 Jahren. Für die damaligen Verhältnisse war ein Friseurbesuch recht teuer, 20 Mark kostete er. Zweimal im

Jahr nur ging Oma Inge, um sich eine Dauerwelle machen zu lassen. Gelockte Haare galten damals als gepflegt. Aber eine Dauerwelle möchte sie nie wieder:

Man sieht nämlich doof aus!
Das ist ja auch viel Chemie, die man auf dem Kopf hat. Wobei, das sagt die Richtige, die sich seit 15 Jahren alle sechs Wochen den Ansatz bleicht. Hast du dir schon mal die Haare gefärbt?
Nein, nie. Das hätten meine Eltern wohl auch nicht gerne gesehen.
Aber früher hat man sich schon mal die Haare gefärbt?
Ja, das gab's auch. Blond, schwarz.
Sind Männer früher öfter zum Friseur gegangen als Frauen? Denn die hatten doch immer sehr schicke Frisuren.
Ja, ich glaube, die sind öfter zum Schneiden gegangen.
Das heißt, du hast dir früher die Haare nach dem Waschen immer selber gelegt?
Ja, eingedreht.

Die Haare wurden feucht auf Wickler gewickelt und entweder an der Luft getrocknet oder unter einer festen Haube, die man zusammenfalten konnte, um sie platzsparend hinter einem Schrank aufzubewahren. Eine solche Haube hat Oma heute auch noch. Als Kind wollte ich auch immer Locken haben und sie hat mir ab und an den Wunsch erfüllt. Ihre Haube ist aus einer Art Stoff, die sich mit heißer Luft füllt und unter der man dann aussieht, als wäre man von einer weißen Wolke umgeben. Es ist unglaublich laut und heiß, aber: Wer schön sein will, muss leiden. Am Samstag der einen Woche geht sie also zum Friseur und in der nächsten Woche wäscht sie sich selbst die Haare und dreht sie ein, die Woche darauf wieder beim Friseur. Als ich die Prozedur mal selbst versucht habe, sind mir fast beide Arme abgefallen; es ist nicht leicht, aber wenn man es schon sein Leben lang macht, ist man offenbar geübt.

Nach jedem Wickler muss ich auch eine Sekunde den Arm runternehmen. Aber ich glaube, das tut nur mir weh.
Wie lang dauert das dann immer?
Acht bis zehn Minuten.
Echt?!
Und Trocknen nochmal 15 Minuten.
Kannst du sie mir auch mal eindrehen?
Joa, können wir mal machen.

Als Oma Inge noch in der DDR lebte, sah ein Friseurbesuch anders aus als heute. Ein Handtuch, ein Brikett und zwei Holzscheite musste man mitbringen, um eine neue Frisur zu bekommen. Das Brikett und das Holz brauchte man, um warmes Wasser machen zu können, das Handtuch brachte man mit, damit die Friseurin oder der Friseur keine Wäsche waschen musste. Mit einer Brennschere oder einer Lockenzange, die Vorgänger des heutigen Lockenstabs, konnten Locken in die Haare »gebrannt« werden. Diese Eisen wurden über einem Ofen erhitzt und dann Strähne für Strähne darauf aufgewickelt.

Warum wollte man damals keine glatten Haare?
Es galt wahrscheinlich als fraulicher und weicher für eine Frau, denk ich.
Heutzutage wollen auch viele Leute Locken haben, während andere nicht aus dem Haus gehen, ohne ihr Haar geglättet zu haben. Man will immer das, was man nicht hat.
So isses immer.

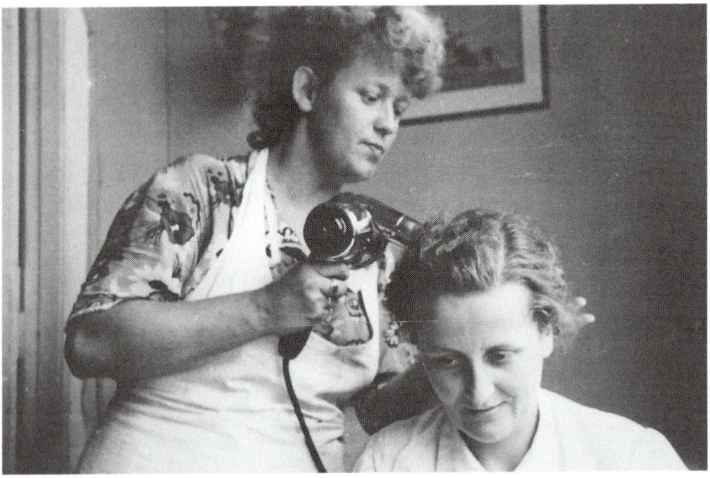

1953 in Berlin. Oma bekommt die Haare geföhnt von einer Freundin.

Hüte hat meine Großmutter als junge Frau oft getragen; sie besaß zwei bis drei davon. Sie trug sie nicht nur für besondere Anlässe, sondern auch wenn sie mit ihrem Mann zum Bummeln in die Stadt ging. Bis in die fünfziger Jahre sah man viele Hüte auf Frauenköpfen. Ich finde es schade, dass dieser Trend eingeschlafen ist. Oma meint allerdings, dass »ein oller Hut« aber auch die Frisur kaputt machen würde.

Dann brauch' ich mich ja gar nicht mal mehr zu kämmen! Viele machen heutzutage auch ohne Hut gar nichts mit ihren Haaren. Die haben einfach nur Haare, die ihnen auf dem Kopf wachsen. Vielleicht binden sie sie noch zu einem Zopf, aber das war's.

Vielleicht fehlt einfach die Zeit, oder wir sind mit anderen Dingen beschäftigt, um uns morgens eine Stunde Zeit für unser Haupthaar zu nehmen. Ich zähle mich auch dazu; meine Frisur variiert zwar alle paar Monate mal, aber während einer Frisur-Phase sieht sie jeden Tag gleich aus, außer wenn ich mich mal wirklich rausputzen möchte. Allerdings kommt das sehr selten vor. Ich habe große Angst vor Friseuren. Ich wurde als Jugendliche schon oft – in meinen Augen – verschandelt, sodass man mich heulend vom Salon abholen musste oder ich tagelang eine Kopfbedeckung trug. Deshalb habe ich selber viel rumexperimentiert, da konnte ich wenigstens keinem die Schuld in die Schuhe schieben. Schwarz gefärbte Haare, rausgewachsene schwarze Haare mit blondem Ansatz, blau, lila, knall-pink, türkis, orange, lang, gelockt, Perücken, abrasierte Seiten, abrasierter Nacken: alles schon gehabt. Mir wird auch frisurentechnisch schnell langweilig und ich schneide mir, seit ich 16 bin (mit ein paar Ausnahmen), die Haare immer selber. Das klappt auch prima, abgesehen von ein paar kleineren Fauxpas und größeren Missgeschicken (als ich zum Beispiel den Rasierer auf 4mm statt auf 20mm eingestellt habe …); aber man lernt immer wieder was dazu!

Jedenfalls stehe ich nicht jeden Morgen eine Stunde früher auf, um mir die Haare einzudrehen oder mir den Hinterkopf zu toupieren. Meine Haare sind nicht mein Aushängeschild, sondern ein Accessoire. Erst vor zwei Wochen schickte mir Oma Inge eine SMS. Sie wusste, dass ich am Abend noch ausgehen wollte und schrieb mir:

MACH DEIN HAAR SCHÖN,
EVTL.WASCHEN

Habe mein Haar und sogar meinen Körper gewaschen! Frischer Schlüpfer ist auch an!

WASCHEN U.SCHL. IS MIR EGAL. ABER DEIN SCHÖNER KOPF!! WENN DU WÜSSTEST, WIE MÄNNER AUF SCHÖNE HAARE STEHEN.

Als sie schon in Stuttgart wohnte, kaufte sich Oma einen Hut. Einen melierten, grün und gelb, aus Filz, mit einer hübschen Feder an der rechten Seite. Sie war ganz stolz auf diesen Hut und er stand ihr auch gut, wie sie betont. Als sie mit diesem Hut auf dem Kopf nach Hause kam, traf sie im Treppenhaus ihren Nachbarn, der sagte: »Jesses, was haben Sie denn für einen Bottschamber* auf'm Kopf?!« Sie ging nach oben, nahm den Hut ab und trug ihn seitdem nie wieder.

Ich war so traurig und beleidigt. Noch beleidigter allerdings war ich, als ich drei Wochen später seine Frau mit Hut und Feder sah. Und ich hab' dann von ihr erfahren, ihr Mann habe das doch nur aus Spaß gesagt. Aber ich konnte das nicht unterscheiden und war beleidigt.
Weil du dir so viel draus gemacht hast, was andere sagen.
Ja. Leider. Dummerweise hört man, wenn man jung ist, viel auf andere.
Ja. Das sollte man nicht.
Heute nicht mehr. Macht das ja nicht! Wenn ihr euch im Spiegel gefallt, dann bleibt so. Und behaltet den Hut auf oder die Mütze.

Ich trage gerne auch mal ein Haarband oder ein zum Turban gebundenes Tuch und frage Oma, wie sie das eigentlich findet:

Ich find' sie nicht schön, weil sie mich an die Zeit erinnern, als wir Trümmerfrauen waren, da hatten wir auch solche Kopftücher und knoteten sie oben auf der Stirn. Nein,

---

* Vom Französischen »pot de chambre«, Nachttopf; im pfälzischen Dialekt auch für auffällige Kopfbedeckungen vornehmer Damen verwendet.

die find' ich nicht so besonders schön. Aber das ist doch Geschmackssache, wenn sie dir gefallen, trag' sie!
Aber seit du mir das mal erzählt hast, denke ich jetzt auch immer an die Trümmerfrauen.
Ehrlich?

Trümmerfrauen nennt man die Frauen, die nach dem Krieg, 1945 und 1946, die Ziegel der durch Bomben zerstörten Häuser von Lehm und Dreck befreiten um sie an einem dafür vorgesehenen Platz zu stapeln. Die Frauen, die sich laut der alliierten Besatzungsmächte dafür zu melden hatten, waren meist zwischen 18 und 50 Jahre alt, teilweise auch jünger. Durch Luftangriffe wurden in Deutschland etwa vier Millionen Wohnungen zerstört und zahlreiche Fabriken lagen in Trümmern.

Wenn eine Trümmerfrau merkte, dass ihr vom Steineschleppen der Rücken wehtat und sie sich zum Ausruhen kurz hinsetzte, kam sofort jemand, der sagte *»Weitermachen!!«* Meine Oma war circa fünf Monate lang eine Trümmerfrau. Das Kopftuch verhinderte, dass die Haare allzu staubig wurden und ins Gesicht fielen.

Was magst du denn bei Männern für Frisuren?

Wellige, lockige Haare. Keine langen, hängenden Locken! Sondern angenehm gewellte. Die sehen irgendwie freundlicher aus.

Hatte der Opa auch wellige Haare?
Nein! Der hatte Schnittlauchlocken!
Schnittlauchlocken! Dann hab' ich die wohl von ihm geerbt, meine Schnittlauchhaare!! Mama, meine Schwester und ich haben die glattesten Haare der Welt!

Ich spreche mit Oma über das in unserer Gesellschaft verbreitete Phänomen, dass Frauen lange Haare haben müssen und Männer Frauen mit langen Haaren schöner finden.

Ich weiß nicht, was ein Mann an Frauen mit langen Haaren schöner findet. Ich kenne es aber auch, dass die Männer langhaarige Frauen lieber mögen. Vielleicht, weil sie dann mit dem Haar wuscheln können!
Aber findest du Frauen mit kurzen Haaren auch schön?
Ja! Aufgeräumter sieht man aus!
Ja, ich fühle mich mit kurzen Haaren auch aufgeräumter. Man braucht auch nicht so lange im Bad und es liegen nicht überall diese langen Haare rum!
All die, die nach unserem Auftritt im Fernsehen mit mir gesprochen haben, haben gesagt, »was hat deine Enkelin für schöne Haare!«. Und wenn ich dann gesagt habe: »Die schneidet sie sich allein!«, will das keiner glauben! So hat der eine Talent zum Haareschneiden und der andere zum Putzen!
Na, danke!
Da wüsste ich zum Beispiel, wie man den Putzlappen halten muss!

Durch eine Chemotherapie verlor meine Oma 1982 ihre Haare. Das war schlimm für sie.

Das ist auch schlimm für 'ne Frau. Vor allem, wenn man noch so jung ist, wie ich zu der Zeit war.
Wie alt warst du?
56.
Und du hast dir eine Perücke anfertigen lassen?

Nee, ich glaube, wenn man sie angefertigt bekommt, sind das echte Haare. Meine waren keine echten Haare.
Du hast die auch noch, stimmt's?
Ja. Man bekam die bezahlt von der Kasse. Aber meine Haare sind dann schnell wieder gewachsen. Ich bin im März operiert worden, im April hab' ich die Haare verloren und im November desselben Jahres war eine Wahl – was für eine Wahl das war, weiß ich nicht mehr – aber da bin ich ohne Kopfbedeckung hingegangen und jeder fand meine Frisur schön. Ob die nicht gewusst haben, dass ich vorher keine Haare mehr hatte?
Und da waren deine Haare ganz kurz?
Ja, ein Zentimeter. Nichts zum Verlieben.
Also sind Haare für dich schon auch ein sehr wichtiges Thema?
Ja! Für jede Frau!
Glaubst du?
Ja, das glaub ich.
Eigentlich aber verrückt, weil es ja totes Material auf deinem Kopf ist.
Das ist nicht tot! Das Haar lebt!
Na, alles, was aus der Wurzel rauskommt, ist ja eigentlich tot.
Ach, und ich bilde mir ein, das Haar lebt auch, weil es ja wächst.
Aber es wächst doch aus der Wurzel. Das andere ist alles tot.
Für mich nicht!

Oma erzählt die Geschichte einer Bekannten, die schon als Schulmädchen jeden Morgen eine Stunde früher aufstand, um sich ihre

Locken zu waschen, im nassen Zustand auszukämmen und zu föhnen, sodass ja keine Welle mehr zu sehen war. Verrückt, dass man so viel Zeit und Energie in etwas Totes investiert.

Siehst du überhaupt, dass ich heute zur Kosmetik war?
Und, was hat die gemacht? Deine Falten entfernt?
Anderthalb Stunden hat sie an mir rumgedoktert aber ich wurd' nicht schöner!
Ich muss das auch mal wieder machen.
Ach, als junger Mensch muss man das auch machen?
Ja, ich hatte früher doch so starke Hautprobleme.
Ach so. Oh Gott, die hat an mir rumgedrückt! Und danach hat sie das Gesicht massiert, das is' was Herrliches!
Aber du hast auch 'ne tolle Haut, Oma! Du bist 93, und die ist so knackig wie meine Haut!

10.

PARTY, TINDER, KOMASAUFEN

Weihnachten 2005, 23 Uhr. Ich komme im Partyoutfit ins Wohnzimmer und sage: »Also, ich bin dann mal weg, wir gehen noch tanzen!« Meine Oma schaut mich verblüfft an und fragt, wo ich so spät noch tanzen könnte und welche Tänze wir denn dort tanzen würden. Ich versuche, ihr zu erklären, dass wir im Club (wie erklärt man einer Oma, was ein Club ist?!) nicht Walzer und Co. tanzen, sondern wild und schwitzend unsere Hüften schütteln, bin mir aber unsicher, ob sie sich wirklich vorstellen kann, wie das aussieht.

Auch, dass ich am Heiligen Abend noch weggehen will, ist für meine Oma ganz was Seltsames. Sie fragt, ob wir jungen Leute uns bei »unserem« Tanzen auch anfassen, oder eben nicht. Als wir jetzt wieder darüber sprechen, frage ich:

Was habt ihr denn nach der Bescherung gemacht an Weihnachten?
Da kamen mitunter sehr schöne Sendungen im Radio, oder es wurde gespielt. So spät ist man da nicht ins Bett gegangen.

Ich möchte gerne mehr über die Feste und Partys wissen, die Oma in ihren jungen Jahren gefeiert hat!

Wie kann man sich das denn vorstellen, als du 20 Jahre alt warst, seid ihr da feiern gegangen? Ins Tanzcafé?

Als ich 20 Jahre alt war, war es ja 1946. Da gab es keine Cafés mehr. In Lokale durfte ich nicht gehen, das wollten meine Eltern nicht, aber mit 17 oder 18 Jahren hatte ich Tanzstunden. Die Familie eines Tanzherrn hatte einen Blumenladen; der wurde leergeräumt, alle Blumen und Ausstellungsstücke wurden zur Seite und in die Mitte kleine Tischchen gestellt. Auf jedem Tisch stand ein kleiner Blumenstrauß, den sich die Dame dann am Ende mit nach Hause nehmen durfte. Ich musste natürlich um zehn zuhause sein.

Sie rief manchmal zuhause an und bat ihren Vater um eine halbe Stunde »Verlängerung«, die er ihr in der Regel auch erlaubte.

Auf der Party tanzte man die Tänze, die in der Tanzstunde gelernt wurden und die Musik kam vom Schallplattenspieler.

Oma Inge gefiel das Tanzen mit einem Tanzpartner gut, es wurde genau darauf geachtet, wo die Hände zu liegen haben und dass niemandem auf den Fuß getreten wurde. Das ist heute im vollen Club leider kaum noch so. Hier wird geschubst, geglotzt, gerempelt, geknutscht, gesoffen, gekotzt. Schade eigentlich.

Während des Krieges ging niemand mehr tanzen. Erst 1948 – Oma Inge lebte mittlerweile in Warnemünde – ging man wieder aus. Ein Mann, der gerne mit einer Frau tanzen wollte, kam an den Tisch der Dame, verbeugte sich und sagte »Darf ich bitten?«

Einen Korb hat man nicht gegeben, das ist unhöflich, das hat man in der Tanzstunde gelernt.
Und was, wenn er dir nicht gut gefallen hat, der Mann?
Dann hab' ich mich für den Tanz bedankt, mich aber danach sofort hingesetzt.

Und wenn er dir gefallen hat? Hast du nochmal einen Tanz mit ihm getanzt?

Wenn ich ihm gefallen habe, dann hat er mich nochmal gefragt: »Tanzen wir nochmal?«

Und wenn er dir auch gut gefallen hat? Kein Knutschen mal?

Nein!! Um Gottes Willen! Das war früher noch nicht so! Heute könnte man jeden auf der Straße küssen!

Wildes Rumknutschen kennt meine Oma also nicht. Ich knutsche sehr gerne, nicht unbedingt wahllos mit wildfremden Leuten, aber wenn mir jemand gefällt und die Umstände es erlauben, dann schon. Bei Oma Inge gab es ab und an ein Abschiedsküsschen, wenn sie vom Tanzstundenpartner nach Hause gebracht wurde. Aber das Verlangen, mit jemandem, den man attraktiv findet, mehr als nur einen Kuss auszutauschen, das kannte meine Oma nicht.

Der hatte mich ja vorher im Arm und das hat einem damals genügt.

Als sie meinen Opa in Warnemünde im Tanzcafé Bechlin das erste Mal traf, war sie eigentlich mit einem anderen Herrn dort. Aber als sie meinen Opa sah, gefiel er ihr auch gut. Als er dann kam und ihren Begleiter fragte, ob er mit Oma Inge einen Tanz tanzen dürfte, wurden aus dem einen Tanz schnelle mehrere. Der Rest ist Geschichte, und die wird von der Enkelin dieses Paares gerade am Laptop festgehalten.

Was hat man denn früher gemacht, wenn man im Tanzen nicht so gut war? Hat eine Frau dann trotzdem Männer kennengelernt?

Joa, ich glaub schon.
Aber Tanzen war das Non-plus-ultra, um sich kennenzulernen?
Ja, wo sollte man sich auch sonst kennenlernen?
Na, beim Bäcker.
Männer sind früher nicht zum Bäcker gegangen.

Tanzabende fanden nur einmal in der Woche statt, und zwar samstags. Unter der Woche trafen sich meine Großeltern in der Kennenlernphase nur zufällig mal, sie verabredeten sich nie zum Abendessen oder auf einen Drink nach Feierabend. »Schön was Essen gehen« sowas gab es damals nicht, das war viel zu teuer. Es vergingen neun Monate, bis Walter um Inges Hand anhielt, zwei Monate nach der Verlobung heirateten sie.

Man kann sie sich heute nur noch schwer vorstellen, eine Zeit, in der man hinsichtlich Körperkontakt und Zärtlichkeiten so zurückhaltend war. Für meine Oma war damals ein Kuss etwas ganz Besonderes. Sind Küsse für uns heute nichts Besonderes mehr? Ich denke darüber schon eine Weile nach: In Zeiten von Dating-Plattformen im Internet kann man theoretisch jeden Tag eine fremde Person treffen und eventuell auch Knutschen oder sogar mehr. Manchmal wünsche ich mir ein bisschen weniger Schnelllebigkeit, weniger Triebsteuerung, mehr Zeit für Romantik.

Ich frage meine Oma, ob sie den Begriff Komasaufen schon mal gehört hat. Zuerst versteht sie »Kummersaufen«, ich wiederhole nochmal »Koma« und sie sagt

Oh Gott, wie furchtbar!

Die oft sehr jungen Mädchen oder Jungs, die sich bis zur Ohnmacht betrinken, sind in den Augen meiner Oma bedauernswert.

Sekt und Hochprozentiges waren damals zu teuer, sodass auf Tanzveranstaltungen nur Limonade getrunken wurde, oft Pfefferminzlimonade oder auch Bier, doch tranken meist nur die Herren Bier.

Was sollte ich als Frau mit 'nem Bier?!

Alkohol trank meine Oma das erste Mal 1953 am Tag ihrer Verlobung. Mein Opa steckte den Verlobungsring in ein Glas Sekt, das er Oma Inge gab und machte ihr so den Heiratsantrag.

Danach gönnten sich meine Großeltern öfter mal ein alkoholisches Getränk, was aber dennoch immer als Luxus galt.

Ich frage, ob in den Tanzcafés auch geraucht wurde. Etwas, was mich an der heutigen Clubszene wahnsinnig stört. Rauchende Menschen, die unvorsichtig mit ihren Zigaretten beim Tanzen andere damit verletzen und die eh schon dünne Luft in kleinen Räumen vollqualmen. Man kommt nach Hause, zieht sich aus und denkt, man habe die letzten drei Tage und Nächte in einer Raucherkneipe gelegen.

Damals wurde nicht geraucht während des Tanzens. Schlimm ist auch, wenn du mit einem Menschen sprichst, der grade erst eine geraucht hat! Furchtbar, furchtbar!

Mein Opa hat auch geraucht, lange sogar, bis ich ein kleines Kind war. Oma hat ihn aber trotzdem geküsst! Das ist für mich tatsächlich eine große Hürde, einen Raucher zu küssen, der Geruch und Geschmack sind für mich als Nichtraucherin kaum auszuhalten.

Wie stellst du dir denn den Samstagabend einer 24-Jährigen heutzutage vor, Oma? Wann meinst du macht die sich schick und wann geht sie los?

Wenn ich an dich denke, dann macht sie sich um zehn schick und geht um elf und kommt morgens um halb vier nach Hause.

Ich lache und gebe zu, dass ich teilweise sogar noch später losgegangen bin damals, nach dem Vorglühen zu Hause.

Was heißt Vorglühen?

Vorglühen nennt man den Prozess, bevor man (oft als Gruppe) das Haus verlässt, um in einen Club oder auf eine Party zu gehen. Man heizt quasi schon mal den Ofen vor. Damit ist der Alkoholpegel gemeint. Man trifft sich also entweder zuhause oder an einem öffentlichen Ort und trinkt sich warm mit Getränken, die man selbst gekauft hat, denn ein Cocktail oder ein Longdrink im Club oder einer Bar ist natürlich teurer als eine Flasche Mojito vom Discounter. Sobald man also vorgeglüht hat und ein bestimmter Pegel erreicht ist, geht man dann zum Feiern.

Meine Hochphase des Weggehens war zwischen 20 und 25. Fünf wilde Jahre, oft Freitag und Samstag auf der »Piste«, oft auch mit der Absicht, aufzufallen und zu gefallen. Mittlerweile bin ich kaum noch auf dieser »Piste« unterwegs, da mich teilweise auch die Musik abschreckt, die in den Clubs aufgelegt wird. Oma sagt dazu:

Ja, aber weißt du das nicht, wenn du in das Lokal gehst, was die für 'ne Kapelle haben?

Vermutlich würde Oma einen gewaltigen Schreck bekommen, wenn ich sie an einem Samstagabend in einen Club mitnehmen würde. Die Zeiten haben sich auf jeden Fall geändert!

Ich schlage ihr vor, sich am nächsten Samstag ein Miniröckchen anzuziehen und ein heißes Blüschen, um dann mit mir in den Club zu gehen.

Da schneid' ich mir dann einfach unten was ab.

Oma an Silvester 1964.

Weißt du, was Tinder ist, Oma?
Kinder?

Tinder.
Tinder. T wie Toni?
Ja.
Nee.

»Tinder« kommt aus dem Englischen und bedeutet »Zunder«. Es ist ein Programm für das Handy, mit dem man schnell und leicht Menschen kennenlernen kann. Man kann sich dieses Programm installieren, ein oder mehrere Fotos von sich hochladen, einen kurzen Text über sich verfassen und dann werden mir, sollte ich auf der Suche nach einem Mann sein, Männer in meiner Umgebung angezeigt, die auch auf der Suche sind. Ich kann auch angeben, wie alt diese sein sollen und wie weit der Suchradius sein darf. Sollte mir einer gefallen, kann ich auf dem Bildschirm mit dem Finger nach rechts wischen oder auf das grüne Herzchen klicken, wenn mir jemand außerordentlich gut gefällt – auf den ersten Blick – so kann ich ihm ein Superlike geben, das ist ein kleiner blauer Stern. Die andere Person sieht dann, dass ich ihr ein Superlike gegeben habe. Gefällt der anderen Person mein Foto genauso und gibt er mir ein Like oder sogar ein Superlike, wird beiden angezeigt: »It's a match!« oder auf deutsch »Ihr passt zusammen!«

Ich kenne einige Paare, die sich über diese Plattform kennengelernt haben, geheiratet oder mittlerweile auch schon ein gemeinsames Kind haben. Als wir diese Podcast-Folge zusammen aufnahmen, war ich noch recht ablehnend gegenüber Tinder, und ich kannte diese App nur von Freundinnen, die mir die absurdesten Geschichten darüber erzählten. Man begibt sich in eine sehr oberflächliche Welt, entscheidet nämlich anhand eines Fotos (auf welchem man oft nicht so aussieht, wie im realen Leben), ob man sich attraktiv findet oder nicht.

Man kann denen ja nicht ins Herz gucken. Und dann seh' ich ja auch die Fingernägel nich'. Mir sind doch Fingernägel so wichtig.

Vielleicht kann ich an dieser Stelle schon mal vorwegnehmen, dass ich die App nach Ausstrahlung dieser Folge ein halbes Jahr lang aktiv genutzt und ein paar echt tolle Menschen kennengelernt habe, mitunter Menschen, die ich sonst nie getroffen hätte, obwohl wir in der gleichen Stadt leben, manche wohnten aber auch 1800km entfernt.

Also ich würd's nicht tun. Wenn ich so keinen kennenlerne, dann basta. Aber gut, wenn man jung ist und keine Gelegenheiten hat ... Ich denke dabei an Mädchen, die auf dem Land groß werden, die wollen bestimmt nicht ihre Schulkameraden heiraten. Die würden das vielleicht machen.

11.

OPA HÄTTE EIN SUPERLIKE GEKRIEGT

Was war männlich?
Dieser Oberlippenbart.
Ja. Aber als dann Hitler den Bart salonfähig gemacht hat, war der nicht mehr so toll.
Dein Papa hatte doch auch mal einen Schnauzer. 'Ne Rotzbremse nannte man das.
Ja, das find ich schön!
Ich mag Männer ohne Bart gern. Nicht lieber, aber gern.
Findest du es männlich, wenn er einen Bart hat?
Nö. Nö. Bart macht einen Mann nicht männlicher. Finde ICH!
Was macht für dich einen Mann männlich?
(Oma kichert.) Der Haarschnitt, die kräftigen Hände, sicheres Auftreten. Ein Bart nicht.

Ich erzähle Oma von einem Date, das ich für den nächsten Abend vereinbart habe. Ein Date mit einem Mann, der einen Schnauzer hat. Ich merke, wie schon im vorigen Kapitel erwähnt, dass Dating früher und heute komplett unterschiedlich sind. Oma freut sich, dass ich mich nach meiner Trennung wieder neu verlieben möchte und stuft jedes Treffen, von dem ich ihr erzähle, als sehr wichtig ein. Dabei gab es Wochen, da habe ich alle zwei Tage ein Feierabendgetränk mit einem Anderen getrunken, Tinder sei Dank. Ich mache das alles nicht, um krampfhaft die Liebe meines Lebens zu finden, nach dem Motto: Je mehr desto besser, sondern weil ich dabei viel über mich selber lerne. Was will ich eigentlich? Was will ich nicht? Ein Date ist ja keine verbindliche Zusage für eine gemeinsame Zukunft. Man lernt sich selber ein Stückchen besser kennen und gleichzeitig auch einen anderen Menschen, der einem ebenfalls noch etwas beibringen kann! Ein Date, bei dem ich viel gelacht habe, ist ein gutes Date gewesen, so meine Einstellung dazu.

Das wollte ich dir schon immer mal sagen: Du darfst die heutige Zeit nicht mit der von vor zehn Jahren vergleichen.

Was ich an der ganzen Online-Dating-Kiste schön, aber gleichzeitig auch schade finde, ist das Gefühl von Überangebot. Das Gefühl, man verpasst möglicherweise die große Liebe, wenn man sich nur mit *einem* Mann oder *einer* Frau trifft. Ein ähnliches Phänomen wie im Supermarkt vor dem Marmeladenregal. Es gibt soundso viele Marken, die alle Erdbeermarmelade herstellen. Die eine günstiger, die andere cremiger, die eine gerade im Angebot, die andere Bio und fair produziert. Wie soll man sich bei 200 Marmeladen für eine entscheiden? Und wieso sollte man nur eine probieren und bei einer bleiben, wo es doch noch so viele andere gibt? Ich kannte eine Frau, die glücklich verheiratet war. Ein Jahr lang. Bis ihr Mann sich trennte mit den Worten: »Ich habe gemerkt, dass es ja auch noch andere Frauen gibt.«

Wenn ich Fotos von meinen Großeltern anschaue, auf denen beide abgebildet sind, sehe ich meistens eines: Liebe. Meine Oma schaut meinen Opa mit großen, verliebten Augen an. Sie haben sich gefunden UND sie sind beieinander geblieben. Sie sind zusammen durch dick und dünn gegangen, haben sich vertraut, sind gemeinsam geflohen, haben alles aufgegeben und sind miteinander in ein neues Leben gestartet, das sicher nicht leicht war. Meine Oma brauchte damals nicht 40 Männer in einem Jahr zu treffen, um zu wissen, was sie will.

Weißt du, woran das lag?
Weil es nach dem Krieg nur so wenige Männer gab?
Nein, weil wir jung waren. Man liebt ganz anders, wenn man jung ist.

Dieser Satz meiner Oma hat mir ein bisschen die Illusion geraubt, nochmal jemanden zu finden, den ich so anschaue, wie sie meinen Opa auf den alten Fotos. Denn jung bin ich nicht mehr, aber laut meiner Oma zum Glück auch kein hoffnungsloser Fall, denn:

Es ist ja heute nichts zu spät. Die sind 40, 45 und mitunter schon geschieden, aber der zweite Mann, DAS ist die Liebe des Lebens!

Mir persönlich gefällt der Gedanke, ein ganzes Leben mit einer Person zu teilen. Sich Mitte 20 kennenzulernen, sämtliche Höhen und Tiefen durchzumachen, gemeinsam zu lernen und sich irgendwann in- und auswendig zu kennen. Klingt für manche vielleicht langweilig, aber ich finde das eine schöne Vorstellung. Ich glaube aber andererseits auch daran, dass das Universum für jeden von uns etwas vorbereitet hat und man nie aufhören soll, Wünsche loszuschicken. Dass ich mit 32 noch nicht den Mann getroffen habe, der mich bis ins hohe Alter begleiten will: Es hat einen Grund.

Ich könnte mir vorstellen, dass die jungen Männer nur darauf aus sind, eine Frau mit einer tollen Figur zu haben. Mit tollen Beinen, tollem Oberkörper.

Ich hoffe, es gibt auch Männer, die auf andere Werte als nur Äußerlichkeiten achten. Immerhin stelle ich fest, dass sich meine eigenen Anforderungen an einen Mann im Laufe der Jahre geändert haben. Wo ich früher noch auf Schulbildung und Studium geachtet habe, sind mir heute ganz andere Dinge wichtig: dass er mich wertschätzt, reflektiert, authentisch, humorvoll, optimistisch, interessiert und inspirierend ist und sich selbst liebt. Und nicht raucht. Das allerdings, so sagt meine Oma, solle ich einem Mann niemals sagen.

Du musst denen das aber nicht zeigen.
Doch, ich sag das denen auch.
Nein, das muss man nicht.
Doch, das stört mich extrem!
Aber deinetwegen werden sie sich das Rauchen nicht abgewöhnen!
Ich möchte aber nicht mit rauchigen Fingern angefasst werden. Da könnte ich im Strahl kotzen, tut mir leid.
Ich versteh' es. Du hast noch nie einen Nichtraucher kennengelernt in letzter Zeit?
Nein.
Und die rauchen in deinem Beisein, obwohl sie wissen, dass du es nicht magst? Oder sagt man das nicht gleich?
Ich sag das direkt von Anfang an. Ich finde Rauchen total unsexy.
Es ist natürlich für die Männer schlimm, wenn sie wegen einer Frau ihre Lieblingsbeschäftigung aufgeben müssten.
Es ist ja aber keine Lieblingsbeschäftigung. Es ist eine Sucht, die krank macht.

Aber ich glaube, dass sie in Wirklichkeit gar nicht so viel rauchen, das ist ein Rauchen aus Verlegenheit. Sie wollen damit etwas überbrücken, eine Antwort fällt ihnen nicht gleich ein. Da hast du's schwer, denn: Wer raucht heute nicht?!

Mein Opa 1953. Von mir hätte er damals auf jeden Fall ein Superlike gekriegt.

Die Diskussion mit meiner Oma hält noch eine Weile an, ich bleibe aber bei meiner Meinung: Ich möchte keinen Raucher daten. Ich habe genug Erfahrungen damit gemacht, die mir alle nicht gefielen, beispielsweise ein netter, gemeinsamer Abend, ich habe etwas gekocht, man unterhält sich blendend und plötzlich sagt das Gegenüber: »Ich brauch jetzt 'ne Zigarette!!« So etwas verstehe ich nicht, und es hat mich in diesem Moment sehr irritiert. Wieso braucht dieser Mensch unbedingt eine Zigarette, wo man sich gerade so wundervoll unterhält und die Zeit miteinander genießt?

Ich frage Oma, ob sie Lust hat, ein paar Tinder-Profile mit mir anzuschauen. Sie versteht wieder »Kinder« und sagt:

Aber Kinder können ja noch nicht männlich aussehen!

Wir lachen. Oma ist ganz gespannt und bekommt von mir die Anweisung, keine Namen zu nennen, ich decke vorsichtshalber den unteren Rand der Profile ab, sodass sie nicht in Versuchung gerät. Was nun beginnt, ist der ganz normale Tinder-Wahnsinn: Ich wische mich durch die Profile und sofort bildet sich eine Meinung, die allein durch ein Foto hervorgerufen wird. Vorurteile werden direkt aktiviert.

Wenn dir jemand gefällt, sag einfach Stopp und dann besprechen wir, was du an ihm männlich findest.
Okay.

Unsere Zuhörer*innen und auch du als Leser*in kannst natürlich nicht sehen, wen wir hier nun bewerten, daher fasse ich die besten Kommentare der Podcast-Oma hier zusammen:

Stop. Haste den auch ohne Brille?
Ahh, das find ich nicht gut, dass er das da an der Seite abrasiert hat, weil man das ja jetzt so trägt.
Der wär' gut, wenn er ein bisschen weniger Bart hätte.
Gibt es da jeden Tag frische Männer?
Ach, das ist derselbe?!
Wo hast du die alle her, Kim?!
Ich denk', das ist alles Second Hand.
Hast du die alle gedated?
Ne Glatze is', wie wenn ich 'nen nackten Arsch seh'.

Gut, wenn ihm die Haare ausgegangen sind, dann tut er mir leid.
Warum drückst du da immer druff?
Wie ich Tätowierungen finde? Gut. Haben doch alle!
Der hat Haare auf der Brust. Muss man nich' haben.
Aber der is' nett. Sieht gut aus.
Ich kann mir nicht vorstellen, dass die Männer alle noch nicht vergeben sind.
Du, hol mir das Ding mal 'n bisschen dichter ran.
Oh, der hat schon 'nen Bauch.
Ooh, der trinkt und raucht bestimmt gerne.
Piercings? Furchtbar!! Dem würd' ich nie 'n Kuss geben!!
Je älter du wirst, desto wählerischer wirst du!
Mach' nich' so schnell!!

Ich sage jetzt mal etwas auf die Gefahr hin, dass mir nicht jeder zustimmt: Während des Autofahrens Fotos von sich zu machen und diese ins Internet zu laden ist dumm. Und das ist nicht nur meine persönliche Meinung. Wenn man mal ganz kurz darüber nachdenkt, was alles in dieser Zeit passieren könnte, merkt man schnell, dass es sogar sehr dumm ist.

Auf Tinder (ebenso wie auf Instagram und Facebook) sieht man unglaublich viele Menschen, die diese Dummheit begehen. Auch wenn man gut Auto fahren kann, auch wenn man auf einer Landstraße fährt und auch wenn man nur ganz kurz ein Selfie macht: Durch das Nutzen des Handys am Steuer kann man richtig schlimme Unfälle verursachen und gefährdet nicht nur sich selber, sondern auch andere Menschen und Tiere.

Ich zeige Oma Inge am Ende noch die Fotos derjenigen Männer, mit denen ich mich in den letzten Wochen schon mal auf ein Feierabendgetränk traf. Sie ist sehr interessiert und betont nochmal:

Im Grunde genommen kommt's doch gar nicht auf's Aussehen an, sondern auf den Charakter.

Deshalb treffe ich mich nach einem »Match« auch recht schnell mit der Person, um sie direkt kennenzulernen und nicht erst ein Bild in meinem Kopf entstehen zu lassen, welches dann beim ersten Treffen komplett zerstört wird. Dazu gehören schon ein bisschen Selbstbewusstsein und Mut, das gebe ich zu. An manchen Tagen fehlen mir diese Eigenschaften auch, dann treffe ich mich nicht mit den »fremden« Menschen aus dem Internet.

Oma ist zufrieden mit meiner »Auswahl« bekräftigt mich darin, weiterzusuchen und eine gute Zeit zu haben.

Wo meinst du denn, Oma, könnte ich sonst noch 'n Mann kennenlernen?
Hm, hm, hm.
Auf der Straße?
Ja. Wenn der Zufall das will …
Aber wenn mir dann einer gefällt und ich geh' hin und frag': »Hey woll'n wir mal 'n Kaffee trinken geh'n?« Und er sagt dann: »Nee, ich bin verheiratet.«
Der ist dann passé für dich.
Ja.
Wo könnte man noch einen kennenlernen ….
Hier über den Podcast! Vielleicht hört ja jemand zu, der mich gern kennenlernen würde. Hahaha! Schön wär's.
Meistens ist es so, dass man, wenn man sucht, nicht das Richtige findet. Vielleicht in der Straßenbahn: Blickkontakt reicht mitunter schon!
Ja, aber dann fährt der weg – und dann? Toll. So einfach wie früher ist das nicht mehr, Oma.

Nee, das stimmt. Ich bin zu alt, ich kann dir da auch gar keine Ratschläge geben.

Oma erzählt mir die Geschichte von einer Bekannten, die nach dem Tod ihres Mannes mit knapp 80 einen neuen Partner kennenlernte. Und zwar am Grab ihres Mannes.

Lasst mich noch eine schöne Tinder-Erfahrung mit euch teilen, die ich irgendwie auch der Podcast-Oma zu verdanken habe:

Wir wischen also noch eine Weile auf meinem Handy herum und verteilen Superlikes. Es ist schon fast 21 Uhr, wir verabschieden uns von unseren Zuhörern und ich packe langsam meine Sachen zusammen. Auf dem Weg zur U-Bahn – ich wohne übrigens nur 30 Minuten von meiner Oma entfernt – sehe ich auf meinem Display: »Ein neues Match!« Ich erinnere mich, dass Oma das Profil des Mannes auf Tinder gut gefiel und sie vor 20 Minuten auf das Herzchen drückte. Er hatte fünf Fotos eingestellt, auf denen man nur auf einem sein Gesicht richtig erkannte. Er war attraktiv, auch wenn ich mir heute nicht mehr so sicher bin, ob ich ihm anhand der Fotos nochmal ein »Like« geben würde, aber wie dem auch sei: Wir hatten ein Match und ich sah, dass er tippte, um mir eine Nachricht zu schreiben. Wir verabredeten, dass wir um 22 Uhr noch was trinken gehen wollten, er sei zwar nur diesen Abend in der Stadt, da er auf Durchreise mit seinem Motorrad sei, aber er würde lieber mit jemandem zusammen etwas trinken, als alleine in einer Kneipe zu sitzen. Ich stand an der Bushaltestelle, die wir vereinbart hatten und wartete auf den Bus. Dieser hielt, die Tür direkt vor mir, und ich weiß, dass es total kitschig klingt, aber: Es hat Zoom gemacht! So richtig laut. Es kam mir so vor, als kannten wir uns schon seit 20 Jahren, so vertraut und nett waren bereits die ersten zwei Minuten. Wir verbrachten ein paar wirklich wundervolle Stunden zusammen, und ich würde euch so gerne noch mehr von dieser Begegnung erzählen, vor allem davon, wie sie weiterging, aber dies ist ja kein Buch über meine Liebesgeschichten, sondern über die Geschichten, die ich mit meiner Oma teile. Deshalb an dieser Stelle keine weiteren Details, vielleicht schreibe ich ja mal ein Buch über die seltsamsten Tinder-Geschichten; sagt einfach Bescheid, wenn euch das interessiert – es könnte auf jeden Fall ein sehr dickes Buch werden.

Was ich mit dieser kleinen Geschichte sagen will, ist, dass einem das Leben oft Menschen schickt, die wichtig sind. Entweder, die Person ist für dich wichtig, oder du bist es für diese Person, oder ihr seid es füreinander. Wichtig in Hinsicht auf neue Ansichten, neue Aspekte, über die du vielleicht noch nie nachgedacht hast. Ich glaube, dass kein Treffen Zeitverschwendung ist. Neue Menschen kennenzulernen kann immer eine Bereicherung sein, wenn ihr dafür bereit seid. Ich bin sehr dankbar für diesen Tag im April, als Oma Inge auf das kleine grüne Herzchen gedrückt hat (mit viel Druck, denn für sie ist der Touchscreen meines Handys unvertraut und sie denkt, dass man immer kräftig auf die Symbole drücken muss). Ich habe einen Menschen kennengelernt, von dem ich in ganz kurzer Zeit ganz viel lernen durfte: über mich, über die Liebe.

Heute, 09:28

GUMO KIM, SCHÖNES WOCHENENDE. WOLKEN RASEN AM HIMMEL DAHIN.WIE GEHTS DIR?TINDERST DU ? GEH LIEBER TURNEN. TANZEN ODER KONZERTE, THEATER ODER GASSI. KUSS

Haha Oma :D das mach ich! Heute wird getanzt! Ich knutsch dich!

Die folgende Diskussion – man kann es auch Debatte nennen – zeigt, wie unterschiedlich unsere Meinungen manchmal sein können. Es geht ums Im-Stehen-Pinkeln.

Das ist mir ganz wurscht, ob die stehen oder sitzen.
Wenn das ganze Klo danach vollgepisst ist?
Ja. Heute soll man ja sitzen, nich'? Ich war noch nie auf 'nem Männer Pissoir, kann mir aber nich' vorstellen, dass die alle sitzen. Die haben da ja gar nichts zum Sitzen.
Nee, ich meine zuhause. Nicht auf einer öffentlichen Toilette, da muss ich als Frau ja nicht aufs Männerklo.
Nee, da find ich's schon schöner, wenn se sitzen. Aber die Frage kannst du doch nicht einem Herrn stellen.
Warum nicht?
Nein. Das fänd' ich jetzt nicht gut. Das würde mir auch nicht genügen, um auseinander zu gehen. Soll doch der stehen, so lang er will!
Ja, aber dann muss er auch das Klo putzen.
Ach was, das macht doch die Frau. Früher hat sie das gemacht, und sie muss es jetzt auch machen.
Die Frau muss das Klo putzen?
Na, der muss doch nicht spritzen!!
Ja, aber das ist doch unvermeidbar.
Na, der kann doch in die Schüssel zielen.
Ob er das kann, weiß ich nicht.
Na darüber muss man sich keine Gedanken machen.
Nein?
Nein!! Um Gottes Willen! Das ist so nebensächlich wie nur was!! Nein, Kim.
Also auf meiner Toilette dürfen Männer nicht im Stehen pinkeln, weil ich diese Toilette putze.

Aber du kannst ihnen doch nicht vorschreiben, wie sie zu pinkeln haben!
Vorschreiben nicht, aber ich sage ihnen, dass es nett wäre, wenn sie sich hinsetzen zum Pissen!
Nein. Das würde ich mir ganz schnell abgewöhnen. Nein, Kim! Mach das bloß nicht! Kein Wunder, dass du keinen findest!

Vermutlich werden mir etliche Frauen jetzt zustimmen: Pinkeln im Stehen auf einer Toilette, die man selber putzen muss, ist ein No-Go. Oma ist es egal, mir ist es nicht egal. Wir sind überrascht, denn bisher hatten wir während unserer Gespräche kaum eine Meinungsverschiedenheit, vermutlich entdecken wir aber im Laufe der nächsten Wochen noch mehr. Oma Inge meint, dass Männer erst seit ein paar Jahren im Sitzen pinkeln »müssen«. Vor 60 Jahren war das gar kein Thema, da hat jeder Mann im Stehen gepinkelt, egal wo. Ob ihr Mann immer im Stehen pinkelte, weiß sie nicht:

Ich bin ja nicht hinterhergegangen! Das war mir so egal! Hauptsache die Fingernägel waren gepflegt. Mit den Fingern hat er mich ja angefasst.

Mein Opa hatte immer sehr schöne, gepflegte Fingernägel und Hände. Von ihm lernte ich als kleines Kind auch, wie man sich richtig die Hände wäscht und immer, wenn er sein kleines schwarzes Nagel-Etui rausholte, wollte auch ich mir die Fingernägel feilen und die Hände eincremen. Im Badezimmer meiner Großeltern gab es ein ovales Seifenstück, welches an der langen Fläche mit einem runden Magneten bestückt war. Das Gegenstück des Magnets klebte an einem an der Wand befestigten Haken, der ein bisschen so aussah wie ein Wasserhahn. Meine Google-Suche ergab, dass es diese Seifenhalter immer noch gibt, vielleicht bestelle ich mir mal einen.

Ich im Badezimmer meiner Großeltern, ca. 1990. Hier habe ich von meinem Opa das Händewaschen gelernt. Hände nass machen, Seife in die Hand, aufschäumen, Seife weglegen, und dann beide Hände gründlich – auch die Fingerzwischenräume und unter den Nägeln! – reinigen, die Daumen nicht vergessen!

Kim, du könntest mich noch fragen: Magst du Männer, die schnarchen?!

Meine Oma schnarcht schon seit vielen Jahren sehr laut. Als ich mit ihr in Köln bei der Aufzeichnung zur Talkshow »Kölner Treff« war, teilten wir uns ein Hotelzimmer. Ich habe nachts kaum ein Auge zugemacht, trotz Ohropax.

Ich kann gut verstehen, dass sich Eheleute zwei Schlafzimmer nehmen. Man kann ja nicht von dem Mann erwarten, dass er sich jede Nacht aufs Sofa legt.

Getrennte Schlafzimmer sind keine Schande, so viel sei schon mal gesagt. Erholsamer Schlaf ist extrem wichtig, wieso sollte man sich dann jede Nacht neben einen Menschen legen, der schnarcht? Das käme für mich auf jeden Fall nicht in die Tüte.

Aber was viel, viel schlimmer ist: ein Morgenmuffel zu sein!!
Du meinst mich jetzt damit, oder?
Ja.
Ich bin gar kein Morgenmuffel.

Wir saßen eines Morgens zusammen im Auto, auf dem Weg nach Baden-Baden zur Aufnahme der Sendung »Kaffee oder Tee«. Ich konzentrierte mich auf die Autobahn und die Navigation, während Oma mir viele, viele Fragen zum Podcast, zur Aufzeichnung, zur Autobahn und zu den Schildern entlang der Autobahn stellte und ich ihr auf die meisten Fragen nur kurz antwortete. Das macht mich nicht zum Morgenmuffel, sie ist aber immer noch der Meinung, ich sei einer. Auch, als wir einmal zusammen in einem Hotel in Köln am Frühstückstisch zusammensaßen und ich ihr nicht sämtliche

Fragen rund um das Buffet, die Einrichtung des Frühstückssaales und die anderen Hotelgäste ausführlich beantwortete, drückte sie mir den Stempel »Morgenmuffel« auf.

Ich bin morgens super gut gelaunt, aber ich möchte nicht, dass mich jemand schon morgens vollquatscht!
Aber wenn dein Mann – wenn du mal einen hast – morgens mit dir redet?
Dann setz' ich mir Kopfhörer auf, haha. Ich bin kein Morgenmuffel, das können dir auch mehrere Menschen bestätigen!
Also ich fand das so. Ich bin es gewöhnt, dass man morgens miteinander spricht.
Naja. Wenn du das denkst, darfst du das gerne denken, aber ich bin kein Morgenmuffel.
Okay.

Schön findet meine Oma auch noch, wenn der Mann abends als Zweiter ins Bett geht. Sie mochte immer gerne zuerst ins Bett gehen und dort auf ihren Walter warten. Nach 20 oder 30 Ehejahren sei das aber wohl auch »eingeschliffen« gewesen, meint sie. Dennoch gefiel ihr immer die Vorstellung, dass sie schon im Bett liegt und ihr Partner danach schaut, dass Fenster und Türen verschlossen sind und das Licht in allen Räumen aus ist ehe er anschließend auch ins Bett kommt.

Aber das ist vielleicht auch nur 'ne Macke von 'ner alten Frau! Wichtig ist, dass ein Mann einen Beruf hat und sein Geld verdient. Das ist wichtig. Und dass er großzügig ist und höflich dir gegenüber.
Dass er mich respektiert. Das finde ich wichtig.
Ja, Respekt ist sehr wichtig.

Und dass er Humor hat.

Das ist dir wichtig, ja? Da hab' ich gar nicht dran gedacht.

Doch, ich möchte gern Muskelkater haben vom Lachen. Wenn mir das Gesicht wehtut vom Lachen, dann mag ich denjenigen.

Aber das Leben besteht nicht nur aus Lachen.

Nö, aber hauptsächlich. Sollte es zumindest. Wir haben jetzt genug über Männer gequatscht, Oma!

Nö, find' ich nicht!

Dann lass' uns einfach noch eine weitere Folge über Männer aufnehmen!

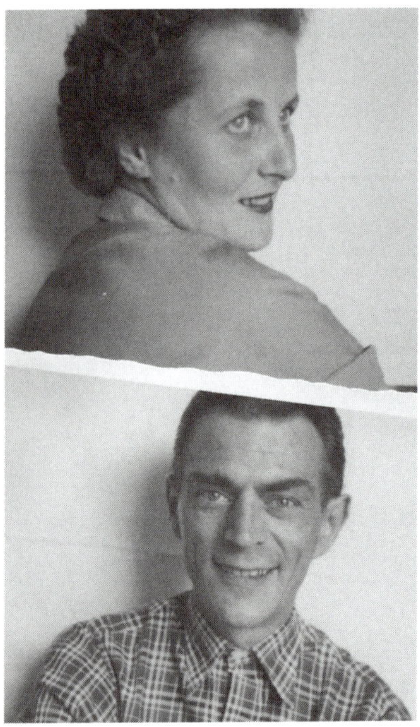

Oma Inge und Opa Walter 1953 auf ihrer Hochzeitsreise in Oberhof, Thüringen.

12.

I BIMS, DIE PODCAST-OMA, BRA!

In dieser Folge spiele ich mit der Podcast-Oma ein kleines Quiz: Ich will gerne wissen, wie gut oder ob sie sich überhaupt mit der aktuellen Jugendsprache auskennt und habe ihr Begriffe auf Zettel geschrieben, die sie kommentieren soll. Sie hat sich extra ihr kleines Englisch-Wörterbuch zur Hilfe geholt, denn sie meint:

Na, das kommt bestimmt alles aus dem Englischen!

Der erste Begriff ist »du Lauch«, ein Begriff bzw. ein Schimpfwort, welches laut Wikipedia schon seit 2011 in der Jugendsprache in Gebrauch ist und 2018 auf Platz vier im Onlinevoting zum Jugendwort des Jahres landete.

Die mit dem Schimpfwort »Lauch« bezeichnete Person ist schmächtig / nicht muskulös und dabei hochgewachsen, ähnlich einer Stange Lauch oder Porree. Es ist ähnlich konnotiert wie der Spargeltarzan oder die Bohnenstange. Damit zusammenhängend kann »Lauch« auch einen schwächlichen, körperlich oder in der Sozialgruppe unterlegenen Menschen meinen, ähnlich dem Schimpfwort Opfer. Wie bei vielen ähnlichen Schimpfwörtern der Fall, kann mit »Lauch« auch ein vermeintlich geistig beschränkter oder begriffsstutziger Mensch benannt werden.

Für Oma Inge ist der Begriff »du Lauch« unbekannt und sie vermutet, dass es »Schwerenöter« bedeutet und notiert sich die

»richtige« Bedeutung auf ihrem kleinen Zettel: »Du Doofer«. Wir widmen uns dem nächsten Begriff der Jugendsprache:

Ich küss' dein Auge. Da hab' ich dazugeschrieben:
Ich küss' auch dein Auge!

Wir lachen.

Na, was kann man sonst küssen, wenn man einen liebhat?!
Ja, das stimmt. Das ist ein Ausdruck der Zuneigung.

»Ich küsse dein Auge« bzw. in der Mehrzahl »Ich küsse deine Augen« ist eine Phrase, mit der große Dankbarkeit ausgedrückt wird. Sie wird als Erwiderung auf einen Gefallen oder als Lob gesagt.

»Ich küsse dein Auge« soll vermutlich aus dem türkischen, kurdischen und arabischen Sprachraum stammen. Diese Sprachen sind für ihre Blumigkeit bekannt, welche der deutschen Sprache fehlt. Jedoch gibt es eine Theorie, dass der Kuss auf die Augen aus dem Mittelalter in Europa überliefert ist.

Minnesänger glaubten, dass die Augen das Fenster zur Seele und zum Herzen einer Frau seien. Mit dem Brauch, dass sie eine Frau auf die Augenlider küssten, wollten sie das Tor zum Herzen einer Frau öffnen und sie damit erobern. Der Kuss auf die Augenlider war damit Ausdruck von Verliebtheit und Sehnsucht. (Quelle: www.bedeutungonline.de)

Das dritte Wort lautet »Sheesh!« und Oma dachte kurz, es hätte was mit Käse zu tun, was aber nicht stimmt, auch heißt es nicht »Tschüss«, sondern es ist ein Ausdruck des Erstaunens. Am längsten überlegte Oma beim Wort »aggro«, wobei die erste Silbe von »aggressiv« ja schon drinsteckt. Mit ein wenig Hilfestellung kam sie dann darauf. Ich selber benutze »aggro« auch sehr oft und Oma fragt:

Weil du es schön findest?
Ja, also schön ist der falsche Ausdruck, aber es hat sich schon in meinem Sprachgebraucht eingenistet. Ich sage eher »Ich war heute so aggro«, als »Ich war heute sehr aggressiv.«
Wer hat diese Wörter denn mal zustande gebracht?
Na, die Jugend. So wie »cool«, »knorke« oder »geil«.

»Poser« ist das nächste Jugendwort und Oma versteht schnell, dass es was mit der Pose zu tun hat und sagt:

Mensch, der setzt sich aber mal wieder in Pose! Jemand, der immer schön sein oder auffallen will.

Omas Aussprache des nächsten Wortes kann man schriftlich gar nicht so richtig festhalten, ich empfehle daher, unbedingt unsere Folge 20 anzuhören. »Bam!« ist der Ausdruck, um den es geht:

Bamm. Baff sein?
Jaa, im gröbsten Sinne. Sprich es nochmal englisch aus.
Bämm.
Ja genau! Auch ein Ausdruck des Erstaunens. BAM, sieht der gut aus! Oder: BAM, geiles Auto!
Nächstes Wort: »Digger«.
Digger is' vielleicht einer, der anbaggert?
Wie kommst du denn darauf? Hast du nachgeguckt, dass »to dig« auf deutsch »graben« heißt?
Nee!
Man sagt es eher zu einem Freund: »Hey, Digger!«

Das hat aber nichts mit Körperfülle zu tun?!
Nee, gemeint ist damit ein dicker Freund, nicht, weil er dick ist, sondern weil er ein guter Freund ist. Ich könnte auch zu dir sagen: »Ey Oma, digger, was geht?!«

Wir lachen und sprechen über das Verb »aufbitchen« bei dem ich erstaunt war, dass Oma sofort wusste, um was es geht!

»Aufbitchen« ist »schön machen«. Sowas ähnliches haben wir auch gesagt: »aufmotzen«.
Okay, aber weißt du, was 'ne Bitch ist?

Oma schlägt in ihrem Wörterbuch nach, welches nicht mehr das neueste ist; ein paar Seiten sind schon lose und fallen beim Umblättern raus.

Au ja! Hündin und Weibsstück.

In Omas Wörterbuch stehen nur diese beiden Begriffe als Übersetzung für »bitch«, eine andere Bedeutung ist aber auch »Hure«, wovon das Verb »aufbitchen« abgeleitet wird. Man bepinselt sich also so stark, dass man auffällt wie eine Prosituierte, wie Oma richtig erkennt. Ich benutze »Bitch« selbst sehr oft, was auch schon mal bemängelt wurde.

Also, wenn ich ehrlich sein soll – und das will ich ja sein – ich finde sie alle nicht schön, die Wörter.
Okay, dann kommen jetzt noch drei und dann hören wir damit auf.
Beim nächsten Wort hab' ich geguckt: Büstenhalter heißt das.

Fast richtig – es geht um das Wort »Bra«, aber es ist nicht der Büstenhalter, sondern das aus dem russischen Slang stammende Wort »Bratan«, das »Bruder« bedeutet. Sinngemäß bedeutet der Begriff »Kumpel«, »Alter«, »Kollege« oder »Freund« – es muss also nicht zwangsläufig ein Familienmitglied sein.

Um Gottes Willen. Das ist ja doof, das hat ja gar nix mit BH zu tun.

Beim Folgenden Wort hatte Oma wirklich gar keine Ahnung: »bibben«, also die Bezeichnung, wenn man in der Bibliothek sitzt und lernt oder eine Hausarbeit schreibt oder einfach nur liest. Die Podcast-Oma vermutete, dass es »frieren« bedeutet, weil sie »bibbern« las, doch selbst nach meinem Tipp, auf die ersten drei Buchstaben zu achten, kam sie nicht darauf.

Welches Wort fängt denn noch mit BIB an?
Tanzen bestimmt nicht.
Nein, welches Wort fängt auch mit BIB an?
'n deutsches Wort?
Ja!
Piepen isses nich?
BIBLIOTHEK. Man sagt »bibben«, wenn man in die Bibliothek geht!
Das is' doof.

Zum Abschluss noch der wohl bekannteste Satz der Jugendsprache: I bims. Oma Inge denkt, es heißt »Ich warte«, das »I« hat sie also schon richtig gedeutet.

I bims, die Podcast-Oma. Hallo, I bims, die Podcast-Oma. Ich erwarte die Podcast-Oma?
Nee.
Ach, warte mal, warte mal. Hallo, I bims, die Podcast-Oma. Ich bin's!!
Ja!!
Ach, das ist doof! Warum ein »m«? Findest du die Sprache schön? Wie lange gibt's die schon?

Ich finde diese Sprache nicht schön, aber es ist eine Entwicklung, die wir kaum aufhalten können. Einige der besprochenen Wörter standen 2016, 2017 und 2018 zur Auswahl, zum Jugendwort des Jahres gekürt zu werden. Wenn man sich mit der Jugendsprache befasst, fühlt es sich so an, als würde es mit der Sprache bergab gehen. Viele Jugendliche kommunizieren nur noch mit Abkürzungen via WhatsApp und SMS miteinander, meist kurze und knappe Sprachnachrichten. Aber einen vollständigen Satz mit Haupt- und Nebensatz, richtiger Kommasetzung und Satzzeichen: Fehlanzeige. Als ich damals in der fünften Klasse war, hatte ich mit meiner Schulkameradin Kristina ein geheimes Freundebuch. Wir gingen in dieselbe Klasse, sahen uns meistens nach der Schule oder telefonierten zumindest miteinander. Doch zusätzlich noch schrieben wir abwechselnd unsere Geheimnisse in dieses Freundebuch. Wir schrieben, was uns bewegte, in welchen Jungen wir gerade verknallt waren, wie sehr wir uns auf die Sommerferien freuten, wie groß die Angst vor der nächsten Mathearbeit war und was wir an uns selber in der einen Woche total hässlich, in der anderen Woche wieder total toll fanden. Wir schrieben uns auch während des Unterrichts Zettelchen, die wir heimlich durchs Klassenzimmer warfen, wenn der Lehrer oder die Lehrerin sich zur Tafel drehte. Wir schrieben uns aus dem Urlaub Briefe auf hübschem Briefpapier, mit Diddl-Maus oder Strandkörben, Postkarten mit ellenlangen Texten, ganz klein, damit möglichst viele Informationen draufpassten. Und heute geben wir uns nicht mal mehr die Mühe, auf Groß- und Kleinschreibung in unseren SMS zu achten, geschweige denn Schreibfehler zu korrigieren, bevor wir eine Nachricht absenden. Oma legt großen Wert auf die richtige Rechtschreibung, auch in einer SMS. Hier wird auch schon mal korrigiert, wenn man statt des Genitivs den Dativ verwendet.

Schreibt doch einfach mal wieder einen Brief, gerne auch mit der Hand. Viele haben das Schreiben von Hand fast schon verlernt! Es ist doch aber ein tolles Gefühl, Sprache mit einem Stift analog auf Papier zu bringen!

Briefe hat die Podcast-Oma übrigens schon von ganz vielen Zuhörern bekommen, nicht nur zu ihrem 93. Geburtstag, als ich sie mit einem riesengroßen Karton mit über 150 Briefen und Karten überrascht habe, sondern auch jede Woche, wenn E-Mails aus der ganzen Welt eintrudeln. Ich drucke ihr diese E-Mails immer aus und schicke sie ihr per Post. Das ist für sie das Allerschönste: Briefe zu lesen und darauf zu antworten. Sie möchte sich am liebsten immer sofort an ihren Esstisch setzen und alle beantworten. Mittlerweile haben sich auch einige kleine Brieffreundschaften entwickelt, sogar SMS tauscht sie ab und an aus mit Zuhörern, die die Podcast-Oma ins Herz geschlossen haben.

Mir tut das immer leid, wenn ich nicht direkt jemandem danken kann, der mir was Nettes schreibt! Ich lese die Nachrichten dabei nicht nur ein oder zwei Mal, sondern manchmal fünf Mal!

Dass aus meiner kleinen Idee, mit meiner Oma zusammen Gespräche aufzuzeichnen und als Podcast ins Internet zu stellen, ein so großes Projekt und jetzt auch ein Buch wurde, das habe ich bis heute noch nicht richtig realisiert. Ein siebenjähriges Mädchen hat seine Mama gefragt, ob es abends statt Bibi Blocksberg lieber die Podcast-Oma zum Einschlafen hören darf. Das rührt mich unheimlich!

Zu einigen Briefen und E-Mails macht sich Oma Inge Notizen auf kleinen Zetteln. Wenn ich sie besuche, liegen die Zettelchen meist schon auf dem Tisch, und wenn die Zeit reicht, bedankt sie sich in einer der nächsten Folgen dafür oder beantwortet Fragen, die ihr gestellt wurden. Mitunter sind unsere Folgen auf Grund der Briefe sehr emotional, und hier und da floss auch schon die ein oder andere Träne. Zum Beispiel, als Oma die Frage beantwortete, ob sie noch einen Lebenstraum habe. Daraufhin sagte Oma:

Den könnte man mir nicht erfüllen. Ich würde gerne dasselbe Leben mit meinem Mann noch einmal leben.

Keine E-Mail, kein Brief bleibt ungelesen. Wenn wir bzw. die Podcast-Oma auch mal nicht antworten: Sie liest deinen Brief trotzdem, vermutlich nicht nur einmal. Danke für all eure lieben Worte!

Nachricht von Oma an alle, die ihr zum Geburtstag gratuliert haben:

Hallo und Grüß' Gott, ihr Lieben in nah und fern, groß und klein, alt und jung, in Nord und Süd, Ost und West, in der Schweiz und Österreich, Spanien und Portugal, in Belgien und sogar aus Maui, Honolulu! Ich danke euch allen für die vielen lieben Geburtstagswünsche, auch in Blindenschrift! Grüße, Bildchen, Zeichnungen, Wackelpudding, Tellerdeckchen, sogar drei Kraniche. Ich bin einfach überwältigt und sprachlos, dass Kims Aufruf so großen

Anklang fand. Also an alle lieben Menschen mein aufrichtiges »Danke«. Am meisten danke ich natürlich meiner Kim. Denn ohne sie wäre ja nichts zustande gekommen. Aber wie könnte ich dir danken, Kim?

Oma, jetzt heul' ich schon wieder fast!

Nee. Musst du nicht.

Oma und ich vor dem Kölner Dom 2018.

13.

SONNE UND WEIN, DAS LASS' SEIN!

Mhh, Marzipan!
Wo is' Marzipan?
Na, im Amaretto, Mandellikör!
Ich mag den jetzt nich', nein. Kannst gern die Flasche austrinken.
Oma, wo warst du denn zum ersten Mal im Urlaub?

In einer früheren Folge erzählte Oma Inge, dass sie das erste Mal 1957 im Urlaub in Italien war.

Das stimmt nicht. Hinterher ist mir aufgefallen, dass ich schon 1954 im Urlaub war. Wir hatten kaum Geld, aber das war ein Schwesternheim der katholischen Kirche in Eriskirch am Bodensee.

14 Tage verbrachten meine Oma und mein Opa dort. Das erste, was die beiden machten? Die Betten, die jeweils in einer Ecke des kleinen Zimmers standen, zusammenschieben. Es regnete. Es regnete acht Tage lang. Doch 1954 – wer erinnert sich? – genau, es war das Jahr der Fußball-Weltmeisterschaft! Die deutsche Mannschaft war im Finale in Bern, das Ticket kostete 30 Mark, die Hinfahrt mit dem Bus inklusive. Mein Opa wollte verzichten, denn 30 Mark waren damals viel Geld, doch Oma Inge überzeugte ihn, dass sie beide ein anderes Mal auf etwas verzichten würden.

Wenn er gerne hinfahren wollte, solle er fahren, sie wollte nicht mit, denn Fußball interessierte sie nicht. Für ihren Mann war es wohl der schönste Urlaub, denn die deutsche Mannschaft gewann das Finale, und alle Zeitungsartikel über dieses Ereignis wurden ausgeschnitten und aufgehoben.

Am nächsten Tag hieß es: »Wir gehen heute alle in die Kapelle und beten!« Oh Gott, warum beten? »Um schönes Wetter bitten!« Dass man das machen kann, hab' ich auch nicht gewusst!
Und warum muss man dafür in eine Kapelle gehen?
Tja, da gingen die eben alle hin, die Schwestern!

Es regnete weiter. Beten brachte also gar nichts. Wir lachen.

Der nächste Urlaub ging nach Italien. Mit dem Zug fuhren Oma Inge und Opa Walter am Abend los und kamen am nächsten Mittag in Riccione an, einer Stadt am Meer, gleich neben Rimini. An der deutschen Grenze nach Österreich in Kiefersfelden gab es einen Halt zur Passkontrolle. Es war Nacht und unglaublich kalt, einige Mitfahrende zogen sich die Bademäntel an, um nicht zu frieren, während alle kontrolliert wurden. Danach folgte ein wunderschöner Urlaub. Zu Essen gab es fast immer Pasta, auf den Tischen standen zwei Flachen: Wein und Wasser. Oma trank mittags gerne Wein, doch das sollte sie am Strand in der Sonne bald bereuen. Sie schlief ein und hatte abends einen heftigen Sonnenbrand.

Nie wieder trinke ich in Italien so viel! Aber es war gratis und man hat gedacht: »Oh Gott, wenn das nix kostet, muss man das trinken!!«

Zwei Wochen Adriaküste, an die sich meine Großmutter immer noch erinnert, als sei es erst letztes Jahr gewesen: die Abendspaziergänge an der Promenade, die Musik, das Meer. Ein sehr schöner Urlaub, ganz ohne Regen (sie mussten auch nicht mal beten).

1961, als meine Mutter drei Jahre alt war, verbrachte die kleine Familie ihren ersten gemeinsamen Urlaub auf einem Bauernhof in Schruns, in Österreich. Am 13. August wurde in Berlin mit dem Mauerbau begonnen. Davon hörten meine Großeltern in Österreich zwar nur in den Nachrichten, dennoch erinnert sie dieser Urlaub immer auch an die Mauer.

An den gleichen Ort mehrmals sind meine Großeltern nie in den Urlaub gefahren. Sie wollten lieber viel sehen und erleben, anders als es meine Eltern mit mir und meiner kleinen Schwester taten: Wir waren zwölf Jahre lang jedes Jahr auf demselben Campingplatz in Holland. Es war für uns alle jedes Mal wie »nach Hause kommen«, aber ohne Verpflichtung. Man kam an und war am zweiten Urlaubstag völlig entspannt. Zwar hatte man nach ein paar Jahren alles erkundet – ich kenne jede Straße, jede Düne, jede Ecke – aber langweilig wurde es trotzdem nie. Ich freute mich jedes Jahr auf die Ferien in Holland und bin auch heute noch mindestens einmal im Jahr dort, einfach, weil es sich wie eine zweite Heimat anfühlt.

Finnland, Moskau, Ibiza, Teneriffa, London, Italien, Frankreich: Hier war die Podcast-Oma bereits. Amerika jedoch hat sie nie gereizt; ihr Englisch sei für die alltägliche Kommunikation auch zu schlecht, wie sie sagt.

Heutzutage war gefühlt jeder mit 25 schon mal auf Bali oder in Australien. Das Fernweh reicht inzwischen weiter als nur an den Rand Europas. Oma sagt dazu:

Okay! Junge Leute sollen das ruhig machen! Ich hätte gar kein Interesse daran.

Omas schönster Urlaub war der auf Teneriffa, den sie 1971 mit Arbeitskollegen verbrachte. Aber fast wäre nichts daraus geworden, denn eine Woche vor dem Urlaub bekam meine Mutter die Windpocken. Der Arzt wollte sie zuerst nicht fliegen lassen, doch da die Behandlung gut verlief und zum Reisetermin fast abgeschlossen war, empfahl er, dass sie sich eine Mütze aufsetzen und weit ins Gesicht ziehen sollte, um im Flugzeug keine Blicke auf sich zu ziehen. Im Urlaub konnte sie sich dann gut erholen und die Pocken waren schnell wieder abgeklungen.

Urlaube wurden damals immer im Reisebüro gebucht. Die Kunden bekamen einen Katalog mit, in dem sie tagelang Preise und Angebote miteinander verglichen, Fotos der Hotels studierten und schlussendlich einen Urlaub buchten. Ich selber war noch nie in einem Reisebüro. Ich klicke mich heute kurz durch zwei bis drei Online-Reiseportale, bezahle den Flug per Kreditkarte, kann online einchecken und brauche nur mein Handy und den Reisepass, um ans Ziel zu kommen. Diese Möglichkeit, heute alles mit einem Klick bestellen zu können, fasziniert meine Oma sehr. Erst kürzlich wollte sie mir in ihrem Straßenatlas etwas zeigen, wobei wir bemerkten, dass es ein Exemplar von 1990 war. Ich bestellte ihr einen neuen, der drei Tage später bei ihr eintraf, und sie war glücklich!

Gerne würde die Oma Inge nochmal in ihre Heimatstadt nach Stettin reisen. Gern auch mit jemandem, der Stettin ebenfalls kennt, doch die Strapazen des Reisens wären für Oma Inge zu groß. Ich würde ihr diesen Traum gerne erfüllen, doch am Ende wäre die Reise für sie kein Vergnügen. Acht Stunden im Auto sind keine Option, zu fliegen klingt zwar leicht, die vier Stunden von

Stuttgart nach Stettin sind gut machbar, doch muss man ja erst zum Flughafen kommen. Außerdem gibt es von Stuttgart keinen Direktflug, man muss also umsteigen, in Schlangen anstehen, dazu die Aufregung und die Hektik der anderen Menschen, die Treppen, die Suche nach einer Toilette, ihre Knie; all das hält Oma mit ihren 93 Jahren vom Reisen ab.

Oma, fahren wir an Weihnachten nach Stettin?
Nein.
Okay, das war eindeutig. Weil dir die Reise zu lang ist?
Ja. Und so lange im Voraus plane ich nicht.
Na gut. Dann fahr ich alleine, okay?
Das machste!

Ich frage meine Oma, ob sie schon mal spontan irgendwo hingereist ist, doch sie verneint und sagt:

Nee. Ich glaube, ein Mann macht das so schnell nicht. Ich hatte ja bis vor zehn Jahren noch 'n Mann. Ich hätte gern öfter mal was spontan gemacht.
Der Opa war aber eher ein Planer und ein verkopfter Mensch?
Ja.

Ich habe mit 32 Jahren mehr Länder gesehen, als meine Oma mit 93 und immer noch nicht alle, die ich gerne bereisen möchte.

Schweden, Dänemark, Vietnam und Kuba würde ich gerne entdecken; Reisen ist für mich echter Luxus, und ich verbringe die meisten meiner Urlaube in Airbnb-Wohnungen oder privat vermieteten Zimmern. Hier ist man im jeweiligen Land mitten im Leben und fühlt sich nicht so anonym wie in einem Hotel. Man lernt viel schneller Menschen kennen, bekommt ein Gefühl für Kulturen und Sprachen und kann so vielleicht auch abseits der Sehenswürdigkeiten interessante Plätze kennenlernen, die nicht überfüllt sind.

Zuhaus' ist es auch schön!

Etwas, was ich bei meiner Oma bewundere, sind ihre Fotoalben. Sie hat alle Fotos ihrer Urlaube in Fotoalben eingeklebt, es sind mehr als 40 Alben, alle nummeriert mit einer extra Liste, auf der die Nummern der Alben mit dem jeweiligen Inhalt aufgeführt sind. Mein letztes Fotoalbum mit eingeklebten Fotos ist von 1999, unserem Familienurlaub nach Amerika. Seitdem habe ich alle meine Fotos auf Festplatten gespeichert oder lose in einer großen Kiste im Keller gelagert. Dumm eigentlich, denn ich schaue die alten Alben meiner Oma unglaublich gerne an, auch wenn ich die Fotos alle schon zigmal gesehen habe und die Geschichten dazu mittlerweile in- und auswendig kenne.

Wir suchen jetzt noch dein schönstes Urlaubsfoto raus, Oma, und das poste ich dann auf Instagram, okay? Weißt du noch was Instagram ist?
Ach, ich will das nicht wissen.
Ich hab's dir schon ein paar Mal erklärt …
Bestimmt schon drei Mal.
Vielleicht finden wir ein Foto aus Italien, wo du den Sonnenbrand hattest. Oder sind die Fotos schwarz-weiß?

Oma und Opa am Strand von Riccione, Italien, 1957.

Noch einmal am Ostseestrand zu sein, acht Tage, das wäre mein Traum. Aber was soll ich mit so 'nem vergammelten Körper? Mich in die Sonne legen? Nein.

14.

OMA UND DAS PUMPERNICKEL-EIS

Du kannst schon mal die Leute begrüßen und ich hol' uns 'ne Kugel Eis.
Hallo, Grüß Gott, ihr Lieben. Die Kim holt uns was Leckeres aus dem Eisschrank. Sie hat ein Eis mitgebracht.
Du kannst ja mal vorlesen, was da steht.
Peanut and Butter. Cookies non dairy. Was heißt dairy? Non ist doch französisch?!
Non dairy heißt ohne Milchprodukte.
Oh Gott, ob mir das schmeckt?!
Und was steht hier noch?
Vegan! Weil du vegan bist.
Ich bin nicht vegan, aber ich ernähre mich hauptsächlich pflanzlich.
Ist das Pumpernickel?

(Oma meint mit Pumpernickel die Oreo-Kekse, die in dem Eis verarbeitet wurden. Oreo-Kekse sind runde Kekse, bestehend aus zwei Hälften und einer Creme als Füllung. Die Kekshälften sind circa drei Millimeter dick und aufgrund des Kakaos fast schwarz. Zerbröselt man sie, könnte man meinen, es seien Pumpernickel-Brösel.)

Oma war heute mal auswärts essen, es gab Schnitzel! Schnitzel in einer Pilz-Soße, das war ihr bisher neu, kannte sie doch nur trockene Schnitzel mit grünem Salat oder Kartoffelsalat. Hinterher gab es Wackelpudding.

Kennt ihr Wackelpudding? Na, das is' so'n Pudding, der wackelt! Wenn eure Mutti den schon gekocht hat, dann tut sie den anschließend auf den Teller und nach zwei Stunden ist der hart. Es gab heute Waldmeister mit Vanillesoße, das war toll.

Ich gebe meiner Oma eine Schale mit Eis und bin gespannt, wie ihr das »Pumpernickel«-Eis schmeckt!

Hm, das schmeckt gut!

Wir bekamen eine E-Mail von Theo, ein elfjähriger Junge, der unseren Podcast regelmäßig hört und gern wissen will, wie Omas Leben war, als sie so alt war wie er.

Ah, da muss ich aber dann jetzt mein Eis wegstellen.
Nee, iss erst dein Eis. Schmeckt's dir denn?
Na ja. Je länger ich jetzt esse, desto mehr denke ich, ich esse wirklich Pumpernickel.

Wir lachen beide, und Oma isst tapfer ihre Schale leer.

Herrgott, wir hätten Sahne gehabt! Willst du Sahne?

Ich erkläre ihr, dass ich seit zwei Jahren keine Sahne mehr esse und sie verdreht die Augen. Mit meiner Ernährungsumstellung hat sie noch so ihre Probleme.

Ihre Schale ist leer und sie fängt an, von der Zeit zu erzählen, als sie elf war: 1937. Oma kam in eine weiterführende Schule, von der Volksschule in die Realschule, worauf sie mächtig stolz war. Der Fußweg zur Schule dauerte 45 Minuten, es gab zwar eine Straßenbahn, aber ein Kind mit gutem Schuhwerk konnte die Strecke auch laufen. Wenn es regnete, bezahlte man die Fahrt in der Bahn mit einem Zettel, den man aus einem im Voraus gekauften Fahrscheinheftchen rausriss.

Bei mir hat es natürlich oft geregnet! Aber nur, wenn ich nach Hause fuhr. Das konnte meine Mutter dann ja nicht nachprüfen, ob es am Ort der Schule geregnet hatte oder nicht. Ich fand es wunderschön, alleine Straßenbahn zu fahren.

Heute würde in Deutschland keine Mutter ihr Kind 45 Minuten lang zur Schule laufen lassen, meint Oma. Auf dem Schulweg gab es oft Raufereien; Taschen flogen durch die Gegend, mit Jungs wurde gestritten, und Zankereien wurden beigelegt. Interesse an Jungs hatte sie damals noch nicht, das fing erst mit 16 an, sagt Oma.

Ja, es gab da einen Jungen, bei dem war ich immer froh, wenn der sich mal nach mir umgedreht hat! Das war schon toll!

Die meisten Schulkinder hatten damals keinen Rucksack sondern eine Aktentasche, die von Schuljahr zu Schuljahr immer schwerer wurde. Nach der Schule ging Oma nach Hause zum Mittagessen, die Schularbeiten wurden erledigt und englische Vokabeln abgefragt. Im Anschluss durfte Oma raus und mit Freundinnen spielen, oder sie musste ihre Etüden am Klavier üben.

In der Schule gab es bei Oma Inge auch mal eine Strafe, jedoch wurden die Schüler nicht geschlagen, sondern sie mussten sich mit dem Rücken zur Klasse in eine Ecke stellen und so das Unterrichtsende abwarten. Auch ist man ab und an mal aus dem Klassenraum rausgeschickt worden, wenn man die Mitschüler gestört hat.

Man kann ja, wenn man so jung ist, nicht 45 Minuten still sein, wenn man das nicht gewöhnt ist. Und wenn dann die Lehrerin drei, vier, fünfmal sagt, man soll still sein, versteh ich heute schon, wenn einen die Lehrerin damals rausgeschickt hat. Was ich gar nicht leiden konnte in der Schule: Diese schleimenden Streber! »Frau Lehrerin, darf ich heute ihre Hefte nach Hause tragen?!« Oh, die hab' ich echt gehasst. Oder aber wenn die Stunde vorbei war, liefen sie an die Tür und machten der Lehrerin die Tür auf! Furchtbar! Auch die Freiwilligen, die immer die Tafel wischen wollten, mochte ich auch nicht. Aber die Lehrerin war damals immer eine Respektperson, die kam eigentlich gleich nach den Eltern, wir hatten immer großen Respekt vor ihr. Ist das heute auch noch so?

Oma Inge war, wie alle gleichaltrigen Mädchen in Deutschland zu dieser Zeit, Mitglied im Jungmädelbund. Ab 1936 war es für alle Jugendlichen Pflicht, Mitglied in der Hitlerjugend zu sein. Es gab auch einen weiblichen Zweig, den Bund Deutscher Mädel, für Mädchen von 14 bis 18 Jahren. Die jüngeren Mädchen zwischen 10 und 14, also auch meine Oma, gehörten zu den so genannten Jungmädchen.

Das war eine schöne Zeit. Ich schäme mich nicht, es zu sagen, denn wir waren alle in der Hitlerjugend. Mädchen und Jungs getrennt. Die Jungs spielten natürlich Fußball. An den »Heim-Abenden« sprach man über Bücher, über Klamotten, die wir gerne oder nicht gerne trugen. Und Pfingsten eines jeden Jahres sind wir mit den Rädern auf Fahrt gegangen. Das waren zwei Tage. Wir haben in Jugendherbergen geschlafen; die gibt es ja heute auch noch! Das war etwas ganz, ganz Tolles. Es wurde morgens zusammen gefrühstückt. Vorher wurde ein Wimpel gehisst als Fahne. Dann haben wir noch ein Lied gesungen und danach ging es zum Frühstück. Das war toll. Und anschließend mussten aber zwei oder drei Mädchen noch die Küche in Ordnung bringen; abwaschen und so weiter. Das war immer sehr schön.

Oma erinnert sich auch noch genau an den Namen der Jugendherberge, in der sie in diesem Jahr übernachteten: »Binower Spitze«. Die Gegend um die Binower Spitze, heute polnisch »Binówko«, liegt etwa 20 Kilometer von Stettin, ihrem Heimatort, entfernt. Mit dem Fahrrad durften die Schüler an Omas Schule früher zwar Ausflüge machen, aber nicht zur Schule fahren. Vielleicht, weil auf dem Schulweg etwas passieren konnte, aber sicher ist Oma sich nicht, wieso es diese Regelung gab.

Der Krieg begann, als Oma Inge 13 Jahre alt war. Für die Kinder war Krieg natürlich noch kein greifbarer Begriff, sie wunderten sich eines Tages nur, wieso so viele neue Kinder in die Klasse kamen. Manche konnten Deutsch, manche nur Polnisch, denn der Krieg begann ja in Polen, und viele Familien flüchteten in den Westen nach Deutschland.

Ja, und dann kamen dann auch bald die Fliegerangriffe. Davon erzähl' ich euch nichts. Das war nicht schön.

Ich frage Oma Inge, ob sie als Kind manchmal richtig krank war und wie das dann war. Für mich bedeutete krank sein als Kind nämlich immer, mit der Bettdecke auf dem Sofa zu liegen, von Mama betüddelt zu werden, Cola ohne Kohlensäure zu trinken, Salzstangen zu essen und viel fernzusehen.

Ich glaube, ich hatte Mumps, bei uns sagte man damals »Ziegenpeter«. Ich fand das schön, bis auf die Krankheit selber, denn nicht zur Schule zu gehen war nicht schlecht! Aber am Nachmittag kam dann immer irgendeiner und brachte mir die Schularbeiten. Naja, die hab' ich dann im Bett machen dürfen, und nach acht Tagen war man wieder fit.

Auch Freundinnen kamen nachmittags zu Besuch und brachten ihr Süßigkeiten oder ein Buch. Zu einer ihrer liebsten Schulfreundinnen, Ilse, die später in Bremen lebte, hatte Oma Inge sogar Kontakt, bis diese starb.

Hast du früher manchmal Streiche gemacht? Klingelputz oder Sachen an Häuserwände geschrieben?
Nein! Davon weiß ich eigentlich gar nichts. Ich habe nur einmal ganz fürchterlich geschwindelt und da kriegte ich Stubenarrest.
Was hast du verbrochen?
Also, ich hatte außer meiner Ilse noch eine andere Freundin, Nelli, die wohnte in unmittelbarer Nähe von uns und die hatte gerade Läuse. Damals war das nicht so schnell weg, wie heute. Man kriegte immer 'ne Flüssigkeit auf den Kopf und ein Kopftuch und wurde dann zu Hause eingesperrt. Als meine Mutter erfuhr, dass Nelli Läuse

hatte, hat sie mir verboten hinzugehen. Ich bin aber doch hingegangen. Ich hab' natürlich nicht gesagt, dass ich bei ihr war, aber man hat mich gesehen, als ich aus dem Haus rauskam, was ich abgestritten hab'. Das war ganz schlimm. Also lügen darf man nicht. Lügen haben auch kurze Beine!

Theo, der elfjährige Zuhörer, hat eine besondere Frage an die Podcast-Oma und möchte wissen, was sie zu sogenannten Zockern sagt, also Menschen – in seinem Fall Kinder – die den ganzen Tag »zocken«, das heißt am Computer sitzen und irgendwelche Spiele spielen. Oftmals alleine und viel schlimmer: stundenlang ohne Pause.

Schlimm. Ich find' das furchtbar. Mach' es nicht. Wenn du's verboten bekommst, ist es richtig.

Ich hatte als Jugendliche auch einen Computer und spielte gerne das Computerspiel *SIMS*, bei dem man in einer virtuellen Stadt Häuser bauen und eigene Spielfiguren erstellen konnte, die miteinander interagierten. Ich war aber nie angetan von Spielen, bei denen man etwas abschießen muss, ich hatte keinen Gameboy oder sonstige Spielkonsolen, ich mochte auch bei Freunden nie diese schnellen Spiele, bei denen man möglichst schnell und geschickt irgendwas erreichen musste. Lieber saß ich an meinem Schreibtisch und malte oder puzzelte, und dank meiner beiden kreativen Eltern hatte ich auch viele Möglichkeiten, mich entsprechend kreativ zu entfalten.

Meine Großeltern hatten nie einen Computer. Als sie aber ihren ersten Fernseher bekamen, um 1970, konnten sie zu zweit auf diesem Gerät Tennis spielen!

Das war wunderschön. Bis der Apparat mal kaputt ging und der Opa einen neuen gekauft hat, aber mit dem konnten wir das nicht spielen. Ich hab' dann nie wieder gespielt.

Von meiner Oma, so vermute ich, habe ich auch die Freude an Gesellschaftsspielen geerbt. Brettspiele, Kartenspiele, Stadt-Land-Fluss, Mensch-Ärgere-Dich-Nicht. Die Spiele-Schublade war bei meinen Großeltern im Wohnzimmer in der Schrankwand links unter dem Fernseher. Eine dunkelbraune, schwere Schublade. Hier waren alle Spiele drin und ich weiß noch heute ganz genau, wie diese Schublade roch.

Ich habe immer gern gespielt und würde auch heute noch gern spielen! Friseur hab' ich auch mal gespielt. Aber nur ein Mal.
Ich auch! Liebe Grüße an Kathrin. Es tut mir immer noch leid.
Hast du ihr das Haar versaut?
Ich hab' ihr den kompletten Pony abgeschnitten. Einfach oben einmal reingeschnitten.
Ich hab' bei mir selber Friseur gespielt und irgendwelche Löcher reingeschnitten. Na ja.

Als ich elf Jahre alt war, teilte ich mir ein Zimmer mit meiner fünf Jahre jüngeren Schwester. Wir hatten unglaublich viele Kuscheltiere, ein Stockbett, einen Kleiderschrank und einen Schreibtisch, an dem ich meine Hausaufgaben erledigte.

Oma Inge hat sich mit elf auch ein Zimmer geteilt mit ihrer sieben Jahre älteren Schwester Charlotte. Ein sogenanntes Mansardenzimmer, also ein kleines Zimmer im Dachgeschoss. Zwei

Bettgestelle aus Eisen, die hintereinander an der Wand standen. Es war sehr kalt auf dem Dachboden, so kalt, dass das Wasser in der Waschschüssel im Winter morgens gefroren war. Heizen konnte man in den Mansardenzimmern damals nicht.

Warum musstet ihr denn da oben schlafen?!
Das war unser Zimmer! Die Wohnung bestand aus drei Zimmern, die konnte man heizen und unterm Dach gab es in einigen Häusern Mansardenzimmer. Eltern und Kinder hatten dort ihre Schlafzimmer. Alleine hätte ich da auch nie schlafen mögen.
Da war man aber dann gleich wach, wenn man sich mit dem Eiswasser gewaschen hat!
Oh, ja! Damit hab' ich aber auch nur mein Gesicht gewaschen! Mehr nicht! Eine Katzenwäsche.

Das Zimmer war mit Linoleum ausgelegt – einen Bodenteppich hatte man früher noch nicht –, dazu gab es einen Kleiderschrank und eine Kommode, die Oma Inge immer aufräumen musste, unter dem Vorwand, dass sie ja die Kleinere von beiden sei und sich »noch gut bücken konnte«, wie Charlotte sagte, die dafür im Stehen im Kleiderschrank für Ordnung sorgte. 20 Pfennig bekam Inge von ihrer Schwester, wenn sie einmal die Woche das gemeinsame Zimmer allein saubermachte.

Ich hab' ihr manchmal gesagt »Ich hab' geputzt« obwohl ich gar nicht geputzt hatte, die 20 Pfennig hab' ich aber trotzdem bekommen!

An den Fenstern hingen Gardinen, doch einen Schreibtisch hatten die Schwestern nicht, die Hausaufgaben wurden unter Aufsicht der Stiefmutter im Wohnzimmer oder in der Küche erledigt. Im Zimmer unterm Dach haben die Beiden nur geschlafen. Gespielt, gegessen und gelebt wurde im unteren Teil des Hauses, als Oma Inge elf Jahre alt war.

15.

DER TOD GEHÖRT ZUM LEBEN

Puh, Oma, du riechst ganz schön nach Zwiebeln.
Ich? Ja, dann nehm' ich 'n Pfefferminz.
Ich kann dir gar nicht so nahkommen heute.
Ich hatte da 'ne halbe Zwiebel am Salat. Ja, ich esse gern Zwiebeln.
Du kannst die einfach beim nächsten Mal kurz mit kochendem Wasser übergießen.
Nee, ich putz' meine Zähne!
Nimm' ein Pfefferminzbonbon.
Nee, ich putz' mir jetzt die Zähne. Besser?
Hauch' mich mal an.
Ich hab' drei Mal gegurgelt!
Ja, aber das bringt nix, weil der Geruch aus deinem Magen kommt. Hauch' mich einfach nicht nochmal an, ja? Jetzt hast du deine Brille vergessen.
Die hab' ich wieder aufm Klo liegen lassen …
Ich hatte grade eine Idee, Oma. Es ist aber 'ne komische Idee. Und zwar hab' ich gedacht, wenn du mal tot bist, dann könnte ich deine Asche und die Asche vom Opa nehmen und damit nach Warnemünde fahren.
Aber mein liebes Kind, das ist sehr, sehr teuer, eine Seebestattung.
Das ist doch egal.
Nein, das ist nicht egal.
Aber dann wärt ihr beide wieder in Warnemünde.

Das ist 'ne schöne Idee. Aber wenn du mich hier mit ihm zusammentust, dann wär' ich ja auch bei ihm.
Ja, aber dann wärt ihr hier zusammen in der doofen Erde.
Weil du meinst, uns gefällt das Wasser besser? Da hast du natürlich schon recht. Na mal seh'n. Ich sterbe ja noch lange nicht, bin ja erst 93!

Wir sprechen über den Tod. Schon zu Beginn unserer Podcast-Aufnahmen hatte ich dieses Thema immer auf meiner Liste der Themen, die ich gerne im Podcast mit Oma Inge besprechen wollte. Als ich ihr das Thema einmal vorschlug, war sie allerdings nicht bereit. Das sei ein zu trauriges Thema, sie wollte sich lieber über fröhliche Dinge mit mir unterhalten. Viele unserer Zuhörer fragten aber immer wieder nach diesem Thema und was die Podcast-Oma über den Tod dachte. Ob sie Angst habe und wie sie mit dem Abschied anderer umgehe.

Für Inge war der Tod bisher ein »Tabu-Thema«, weil man damit gleichzeitig oft vorangehende Krankheiten oder Leidenswege verbindet. Über Leiden und Krankheiten wollen wir also nicht sprechen, aber ich wollte dieses doch so wichtige Thema in unserem Podcast nicht außer Acht lassen. Wie meistens starteten wir in diese 24. Folge eher unvorbereitet, und ich hätte nicht gedacht, dass sie so emotional werden sollte. Eine Woche vor der Aufzeichnung war meine andere Oma gestorben. Sie wurde auch 93 Jahre alt, hatte ein erfülltes Leben mit vier Kindern, fünf Enkelkindern und sogar einem Urenkel. Meine beiden Großmütter kannten sich schon, als meine Eltern noch gar kein Liebespaar waren, denn sie wohnten in Stuttgart nur 150 Meter voneinander entfernt. So war ich als Kind, wenn ich die eine besuchte, meist auch noch kurz bei der anderen Oma zu Besuch.

Seit ein bis zwei Jahren plant Oma Inge nicht mehr gerne weit im Voraus, denn sie sagt, dass es ja jederzeit zu Ende sein könne mit ihr. Hat sie mal einen schlechten Tag mit Kopfschmerzen oder wenn ihre Knie mal wieder nicht so wollen wie sie, wird sie sentimental und redet ganz offen über das Ende, das nicht mehr weit sein könne. Doch meist geht es ihr am Tag darauf schon wieder besser.

Jeder geht mit dem Tod auf seine eigene Art und Weise um. Ich habe erst drei mir nahestehende Menschen verabschieden müssen: meine beiden Opas und meine eine Oma. Zwar ist kein Abschied schön, doch was bleibt, sind die Erinnerungen an die Menschen, die mich geprägt haben. Ich habe so viel gelernt von ihnen; alles, was ich bin, habe ich auch irgendwie meinen Großeltern zu verdanken. Von meiner Oma väterlicherseits habe ich zum Beispiel gelernt, wie man Streichhölzer anzündet. Im Haus meiner Großeltern – ich muss fünf Jahre alt gewesen sein – gab es eine alte Spiegelkommode im Gästeschlafzimmer. In einer der Schubladen wurden Streichholzschachteln aufbewahrt, und ich wollte unbedingt mit einer Kerze im antiken Kerzenhalter durchs Haus laufen. Die Mutter meines Vaters war immer schon sehr aufgeschlossen und verbot es mir nicht, sondern zeigte mir vielmehr, wie ich ein Streichholz richtig anzündete. Zünde ich heute eines an, denke ich sofort an diese Spiegelkommode und meine Oma. Diese Erinnerung wird niemals verblassen.

Wir alle müssen irgendwann sterben, ob es uns gefällt oder nicht. Ich hatte lange Angst, meine Omas zu verlieren und habe oft, wenn ich daran dachte, einen dicken Kloß im Hals bekommen. Doch seit ich offen über den Tod spreche, fällt der Kloß jedes Mal kleiner aus. Es ist wichtig, darüber zu sprechen, um den Ängsten keine Chance zu geben, dich zu überrumpeln.

Ich weiß, dass ich Oma Inge alles gesagt habe, was ich ihr sagen möchte, auch dank des Podcasts. Dass wir ein liebevolles Verhältnis haben, ohne Streit und böse Gedanken. Jedes Mal, wenn ich sie besuche, verabschiede ich mich in Liebe von ihr, ich drücke sie und stelle mir vor, dass es vielleicht das letzte Mal sein könnte, dass wir uns drücken. Jede Umarmung genießen. Jedem Gespräch Aufmerksamkeit schenken. Jedes Lachen abspeichern. Ich spreche oft mit ihr darüber, welche Gegenstände ich gerne mal von ihr erben möchte – Kleidungsstücke, Sammeltassen, Vasen, Schmuck – und was mit ihren Sachen passiert, die auch wir nicht mehr brauchen, wenn sie mal nicht mehr da ist.

Ich will gern ganz viele Klamotten von dir haben, wenn du mal nicht mehr da bist.
Klamotten zum Anziehen?
Ja, Kleidungsstücke.
Von mir aus kannste die jetzt schon haben.
Zum Beispiel die Bluse, die du grade trägst, die find' ich wunderschön, Oma! Die würde mir bestimmt auch gut stehen. Was denkst du denn so über den Tod? Denkst du oft daran, wie es ist, wenn du jetzt einfach einschläfst?
Nicht oft, nein. Weil ich, wenn ich einschlafe, immer bete und danke, dass ich noch leben darf. Denn das ist ja was Seltenes, in meinem Alter noch fit zu sein. Aber ich sehe es so, dass da oben jemand ist, der auf dich aufpasst. Ich weiß nicht genau, wie das heißt, aber diese Menschen haben einen Namen. Der ist auch mal im Fernsehen erwähnt worden. Vielleicht weiß das jemand von euch Zuhörern.

Nach Ausstrahlung dieser Folge erhielten wir tatsächlich eine E-Mail mit der Erklärung des Begriffes »Agnostiker«. Die Frage

»Gibt es einen Gott?« beantworten Agnostiker dementsprechend nicht mit »Ja« oder »Nein«, sondern mit »Ich weiß es nicht«, »Es ist nicht geklärt« oder »Es ist nicht beantwortbar«. (Wikipedia)

Aber du betest zu Gott, wenn du betest?
Ja.
Und wenn du abends ins Bett gehst, dann freust du dich auf den nächsten Tag, oder?
Nee. Gar nicht. Ich weiß ja nicht, ob ich aufwache. Freu mich aber morgens, wenn ich doch wieder aufwache! Gestern ist mir zum Beispiel etwas passiert, ... Ich habe hier Stammtisch gehabt, da wurde bekanntgegeben, dass eine Dame hier aus dem Haus, die ich sehr geschätzt und gemocht habe, gestorben ist. Und ich musste urplötzlich heulen, weil ich in letzter Zeit erst deine Oma und auch meine liebe gute Nachbarin Frau Bollinger und jetzt diese Dame verloren hab. Also gestern ging's mir schlecht.
Aber heute geht's dir wieder gut, oder?
Ein wenig.
Heute lachen wir wieder. Jetzt hab' ich leider den ganzen Likör schon leer getrunken. Ich wollte dir noch was abgeben.
Lass' mich wenigstens riechen!
Es war nur eine ganz kleine Flache, 5cl, nicht, dass ihr denkt, ich sei Alkoholikerin.

Da ich erst in der vorangegangenen Woche meine andere Oma verabschieden musste und auch auf ihrer Beerdigung war, habe ich mir viele Gedanken darüber gemacht, wie Menschen trauern. Für mich ist der Friedhof gar kein schöner Ort, und ich bin sehr ungern auf oder in der Nähe von Friedhöfen. Die Vorstellung, dass ein lieber Mensch in einem Sarg unter der Erde liegt, macht mir ein ganz unwohles Gefühl, ich kann es nicht richtig beschreiben. Um meinen verstorbenen Opa zu »besuchen«, gehe ich also nicht auf den Friedhof, sondern besuche ihn in meinen Gedanken. Ich schaue mir Fotos an und erinnere mich an gemeinsame Erlebnisse. Ich verstehe aber, dass der Friedhof für viele ein wichtiger Ort ist, an dem sie ihre Lieben besuchen, mit ihnen sprechen und sich an gemeinsame Erlebnisse erinnern.

Meine Opas und meine Oma sind in meinem Herzen.

Also ich gehe – gerne sogar – auf den Friedhof. Weil ich Zwiesprache halten kann mit denen, die ich kenne. Als meine Mutter starb, war ich fünf Jahre alt und als ich mit sieben oder acht Jahren alleine über die große Straße gehen durfte, war ich oft bei meiner Mutter auf dem Friedhof und sprach dort mit ihr. Für mich war sie nicht tot, sie lag ja da unten. War ja immer da. Also ich geh gern auf den Friedhof.

Einige, mit denen ich mich über den Tod und das Trauern unterhalten habe, gehen nicht mal zu Beerdigungen, weil sie es nicht mit ansehen können, wie der Körper eines geliebten Menschen einfach in ein Loch reingelegt wird.

Die zehn Sekunden sind das Schlimmste. Wenn der Sarg runtergelassen wird. Aber man muss ja nicht immer zur Beerdigung mitgehen. Das ist nicht schlimm. Manche gehen beispielsweise jeden Tag auf den Friedhof.
Das kann ich wiederum nicht! Muss ich aber auch nicht.
Ich kann trotzdem an den Toten denken, zuhause.
Hast du auch manchmal solche Gedanken: Jetzt hab' ich keinen Bock mehr.

Bock?
Also, keine Lust mehr zu leben.
Nö. Nö! So lange ich noch leben darf, leb' ich gern. Na, das wär' ja schlimm! Kennst du jemanden, der keinen Bock mehr hat?
Hm, also ich hab' schon öfter gehört, dass ältere Menschen sagen »Och, jetzt hab' ich keine Lust mehr, jetzt könnte ich dann langsam mal sterben«
Nee, ich lebe gerne.
Das merkt man auch! Und das hängt auch viel von deinen Gedanken ab. Also, wenn du denkst »Ich hab' keinen Bock mehr«, dann hat vielleicht auch dein Körper irgendwann keine Lust mehr. Ich glaube, das überträgt sich.
Nein, ist doch schön, zu leben. Worüber du dir als junge Frau aber auch Gedanken machst. In dem Alter hab' ich noch gar nicht an den Tod gedacht. Ich muss dir ehrlich sagen, als ich noch jung war, dachte ich »ich sterb' nie«.
War das schlimm für dich, als deine Eltern gestorben sind, dein Papa und deine Stiefmama?

Die Eltern starben im Osten, als Oma Inge schon in Stuttgart war. Sie ist zu beiden Beerdigungen »rüber« gefahren, mit einem Pass, der extra ausgestellt werden musste, wenn man Angehörige in der DDR verlor. Natürlich hatte sie immer Angst, ob sie auch wieder zurück in den Westen durfte. Es ging aber alles gut. Omas Vater starb mit 71, es war ein großer Verlust für sie. Ihre Stiefmutter war danach sehr einsam. Sie wurde krank und starb 18 Jahre nach ihrem Mann.

Hast du vielleicht einen Wunsch, was ich mit dem Podcast mache, wenn du mal nicht mehr da bist? Ob ich dann eine Folge alleine aufnehme?

Ich lebe noch so lange! Der Podcast ist noch zu meinen Lebzeiten vorbei.
Wie viele Folgen wollen wir denn noch machen?
Na vielleicht 30?
Ich dachte so an 50!
Ja, so lang leb' ich noch! Ok!
Aber nicht dann einfach sterben nach der 50. Folge!
Nee, erst, wenn du das mal sagst.
Nee, nee, nee! Da musst du noch ein paar Jahre leben, Oma! Was würdest du den Leuten raten, die grade vielleicht jemanden verloren haben, oder grade eine schwere Phase durchmachen, weil sie jemanden begleiten, der vielleicht nicht mehr so lange zu leben hat.
Das ist schwer. Jeder trauert ja anders. Es ist schlimm für jemanden, der nun seinen letzten Angehörigen verloren hat und dann niemanden mehr hat. Aber es gibt ja heute überall Stellen und Menschen, die dir helfen. Auch wenn du alt und krank bist. Du musst nur wissen, zu wem du gehen kannst. Trost findet man vielleicht auch in der Kirche. Das könnte ich mir vorstellen. Freunde haben ist wichtig. Du musst im Leben immer jemanden haben, der dir zur Seite steht.

Opa Walter starb im Jahr 2009 mit 86 Jahren. Nach einer Operation kam erst die Demenz und schließlich der Tod. Einerseits war es für ihn eine Erlösung, andererseits verlor meine Oma einen Teil von sich selbst. Einen sehr großen Teil sogar, nämlich ihre Liebe, mit der sie knapp 60 Jahre verbrachte. Sie traurig zu sehen, geht auch mir unheimlich nahe. Sie selber sagt, dass sie froh war, in dieser schweren Zeit uns als Familie gehabt zu haben, die sie immer wieder aufrichtet, wenn es ihr schlecht geht. Wir haben nach dem

Tod meines Opas viel mit ihr unternommen, sie an Wochenenden besucht oder sie abgeholt, um Essen zu gehen, haben Gartenarbeit erledigt, Ausflüge geplant. Die Familie ist es auch, die sie jeden Tag aufstehen lässt, die ihr Kraft gibt, die sie unterstützt, die sie aufmuntert und unterhält.

Ich möchte gerne noch ein, zwei Jahre leben. Aber ob ich's schaffe, weiß ich nicht. Aber wenn er anklopft, der Tod, dann muss ich schon aufmachen und mit ihm gehen.

Wenn ihr euch jetzt denkt, dass eure Oma, euer Opa, oder wer auch immer nicht mehr allzu lange leben wird: Geht zu ihnen, schreibt einen Brief, ruft an, schickt eine SMS, unterhaltet euch, frischt eure Erinnerung auf. Uns erreichen jede Woche Nachrichten mit folgendem Inhalt: »Hätte ich das doch damals auch mit meiner Oma gemacht.« Auch wenn ihr kein gutes Verhältnis mehr zu euren Großeltern oder anderen Verwandten habt, eine kleine Karte kann viel bewirken.

Ich unterhielt mich mal mit einer älteren Frau, die mir sagte, sie sei auch Oma und sehr traurig, weil ihre Enkel so beschäftigt seien, dass sie sich nie bei ihr meldeten. Ich fragte die Dame, wieso sie sich nicht einfach selbst mal bei ihnen meldete, und nach einer kleinen Denkpause antwortete sie: »Ja, stimmt.« Wartet nicht darauf, dass sich jemand meldet.

Das war jetzt irgendwie 'ne ganz schön traurige Folge.
Ja.
Aber das muss auch mal sein.
Genau.
Die nächste wird dann wieder lustig.
Ja, dann lachen wir nur.

16.

VON SEITENSPRÜNGEN UND LEOPARDEN

Der Spieß wird heute umgedreht, und die Podcast-Oma fragt mich mal was! Ich bat sie schon im Voraus, sich Fragen zu überlegen und zu notieren, die sie mir dann während der Aufnahme stellen würde. Ich habe ihr Oreo-Kekse mitgebracht, worüber sie sich mit den Worten »Oh, Pumpernickel!« sehr freut. Sie steckt sich gleich einen in den Mund und sagt:

Mhhh, die sind gut!
Im Eis schmeckten sie dir ja nicht so gut, aber jetzt schmecken sie?
Ja. Vielleicht aber auch, weil ich Hunger hab'!
Du warst heute ja auch schon beim Sport!
Beim Alten-Sport!
Du siehst auch richtig frisch aus heute, Oma! Frischer als ich auf jeden Fall! Da kann man sich mal ein Beispiel an dir nehmen. Ich mach' ja gar keinen Sport.
Ist 'n Fehler.
Ich weiß.

Oma isst noch ein paar »Pumpernickel«-Kekse, und ich bin gespannt, mit welchen Fragen sie mich überraschen wird. Zusammen waren wir nun schon einige Male in diversen Fernsehsendungen eingeladen, um von unserer Idee und dem Podcast zu erzählen, und ich wurde oft gefragt, ob Oma Inge mich denn auch mal Sachen fragen würde, woraufhin sie selber meist antwortete: »Nein, das ist nicht nötig; ich weiß ja alles von ihr, ich brauch' nicht zu fragen.« Doch jetzt hat sie einige richtig tiefgründige Fragen vorbereitet.

Findest du es schön, eine Frau zu sein oder wärst du gern ein Junge, also Mann, geworden?

Ich bin sehr gerne eine Frau. Nach 32 Jahren habe ich langsam verstanden, dass Höhen und Tiefen jeden Monat zum Frau-Sein dazugehören, ich habe sie akzeptiert und lebe seitdem sehr gut damit. Ich finde es beeindruckend, was der Körper einer Frau alles kann und beschäftige mich sehr gerne damit, beobachte, analysiere und respektiere ihn jeden Tag. Ich fühle mich wohl, eine Frau zu sein, obwohl ich weiß, dass manche Frauen es nicht leicht haben in unserer Gesellschaft und auf der ganzen Welt; weil sie belächelt werden, oft nicht für voll genommen werden, mitunter nicht gleichberechtigt sind. Man hat es nicht so leicht als Frau, obwohl wir im Jahr 2019 leben und nicht 1919.

Also ich finde auch, dass es Frauen schwerer haben, schon allein durch das Kinderkriegen!
Das sehe ich jetzt eigentlich als kleinstes Übel an. Ich hab' noch nie ein Kind bekommen, aber ich finde andere Sachen schwieriger.
Es ist nicht leicht, du musst das Kind dann nachher auch erziehen! Der Mann sagt morgens um sieben »Adé, bis heute Abend.«
Aber das kann eine Frau auch. Der Mann kann sich ja auch um das Kind kümmern.

Heute ja.
Aber ich finde zum Beispiel viel schlimmer, dass Frauen nicht in allen Berufen das Gleiche verdienen wie Männer.
Stimmt, das ist auch schlimm. Aber dafür setzt sich ja jetzt jeder ein!
Das ist auch gut so!
Find ich auch. Mitunter sind die Frauen ja klüger als Männer!

Es wird trotzdem immer noch Frauen geben, die denken, sie hätten nichts zu sagen und die sich mit der Rolle des schwächeren Geschlechts abgefunden haben. Die sich gehorsam den Bedürfnissen des Mannes beugen, die eigene Meinung nicht äußern wollen, vielleicht aus Angst vor Zurückweisung und Konfrontationen.

Also früher zu meiner Jugendzeit war es so, dass die Frauen gar nicht daran dachten, etwas äußern zu dürfen. Da war der Mann der Mann. Drum find' ich das heute schon gut, ja.

Die nächste Frage klingt kompliziert:

Hättest du dich schon mal für etwas entschuldigen sollen, hast es aber nicht getan und es dann bereut?
Bestimmt. Hast du ein Beispiel?
Nein. Nein, ich kann ja nicht für dich antworten.
Also dieses Entschuldigen-Thema ...
Hasst du?
Nein, hassen nicht. Aber zuerst mal kann man sich ja selber gar nicht entschuldigen. Man muss um Entschuldigung

bitten. Das hab' ich schon öfter gemacht, das ist aber auch etwas, was man lernen muss. Das konnte ich früher nicht so gut.
Ich kann mich entschuldigen, wenn ich wirklich weiß, dass ich Unrecht getan habe. Dann fällt es mir sogar leicht. Das ist auch was Gutes finde ich.
Ja, das hat was mit Selbstreflektion zu tun.
Also kann man sagen: Wenn du es nicht getan hast, hast du es hinterher schon mal bereut, es nicht getan zu haben?
Hmmmm, nee. Ich glaube, wenn ich es nicht getan habe, dann hatte das einen Grund. Wow, Oma, die Fragen sind wirklich sehr deep.
Lieb?
Deep. Tief. Tiefgründig. »Deep shit« sagt man da auch dazu.
Mir fällt grade was ein, das gehört gar nicht hierher. Ein englisches Wort wieder, was man im Fernsehen jeden Tag zehn Mal hört: Location. Sowas Blödes! Wenn da zwei junge Leute heiraten wollen, müssen sie eine »Location« angucken. Also sowas Verrücktes. Komm', ich frag' dich lieber was.
Ja, los.
Könntest du einen behinderten Mann lieben?
Boah, Oma. Also die Fragen sind ja krass. Ähm. Ja!
Ok! Das reicht!

Die nächste Frage resultiert aus einer SMS an meine Oma, in der ich ihr schrieb, dass ich Fasching hasse seit ich zwölf bin, und Oma möchte jetzt wissen, wieso. Das kann ich ihr sehr einfach beantworten. Schön finde ich Fasching für Kinder, die niedliche Kostüme anziehen und als Biene oder kleines Schaf durch die

Stadt wackeln. Superman oder Batman, Prinzessin oder Ballerina: Kinderträume sind die schönsten, und ich mag die leuchtenden Augen der Kleinen, die einmal im Jahr ihr eigener Superheld oder ihre Superheldin sein können. Was ich gar nicht verstehen kann, ist, wenn sich erwachsene Menschen einmal im Jahr total gehen lassen, saufen und auf die Kacke hauen und das alles in einem Kostüm. Ich hoffe, ich trete hier niemandem zu nahe, das ist meine persönliche Auffassung von Fasching. Ich bin außerdem abgeschreckt von Faschingsumzügen und gruseligen Hexenkostümen, sowie zotteligen Pelzmonstern, die mit blutverschmierten Holzmasken und riesigen Kuhglocken um den Hals kleine Kinder aus dem Publikum reißen und mitschleppen. Das ist einfach nicht mein Ding. Oma meint, dass diese Erwachsenen auch gerne nochmal Kind sein wollen, aber wieso sollte das nur an Fasching oder Fastnacht beziehungsweise Karneval der Fall sein? Kann man nicht das ganze Jahr über seine kindliche Seite zeigen dürfen? Ich jedenfalls mache das so. Mir ist Fasching egal, ich ignoriere es mittlerweile einfach. Früher war das natürlich anders: Als ich in der Grundschule war, ging meine Oma mit mir zu Faschingsumzügen und Kinderfaschingspartys im Bürgerzentrum meiner Heimatstadt. Ich war Leopard, hatte ein tolles, von meiner Mutter selbstgenähtes Kostüm aus Leopardenfell (unecht) und wurde von meinem Vater, der dafür ein geschicktes Händchen hat, geschminkt.

Du warst damals lustig und hast alles mitgemacht!
Ja, als Kind fand' ich das noch toll!
Achso, also hast du das damals doch genossen!
Ja, aber da war ich zehn.
Ach so. Also ich bin gerne mit dir da hingegangen.

Kim 1997 als Leopard bei einer Faschingsparty

Oma fragt mich, ob ich meinem Partner einen Seitensprung verzeihen würde. Ich sage »nein«. Aber ich denke, es kommt auf den Inhalt des Seitensprungs an und frage zurück:

Was ist für dich ein Seitensprung?
One date!
Was?
Ein Date.
Heißt das, die gehen nur was trinken, oder …
Nein, mit allem.

All inclusive!
Ich persönlich würde wohl auch nein sagen. Aber wenn es wirklich nur ein Seitensprung ist, sollte man es verzeihen. Eine Affäre nicht!!!
Kommt immer darauf an. Wenn er es bereut, wenn er alles dafür tut, dass ich ihm verzeihe, wenn er es mir beichtet und auf Knien angekrochen kommt, lass ich vielleicht nochmal mit mir sprechen, aber das müsste man auf den Einzelfall anwenden. Hast du auch noch 'ne lustige Frage, Oma?
Nein. Sollte dein Partner dir geistig überlegen sein, oder würde dir seine Liebe genügen?
Was bedeutet für dich »geistig überlegen«?
Na, Geist hat was mit'm Kopp zu tun. Sollte der dir überlegen sein mit allem?
Also überlegen sollte er nicht sein, aber er sollte was im Kopf haben, klug sein und clever und smart.
Nicht unter deinem Niveau.
Wir sollten auf einer Ebene sein vom Verstand. Seine Liebe allein würde mir nicht genügen, nein, nein, nein.

Endlich kommt auch mal eine »lustige« Frage:

Wann hast du dich zum ersten Mal verliebt?
Boah. Verliebt ist ja was anderes als verknallt, oder?
Hm, is' vielleicht dasselbe, oder?
Also, ich glaube, ich war verliebt – das erste Mal so richtig – 2002.
Da warst du 15 Jahre alt. Bist du glücklich, in der heutigen Zeit zu leben, oder wäre dir eine andere lieber gewesen?
Lieber auf keinen Fall. Aber manchmal hätte ich Lust, in den fünfziger Jahren gelebt zu haben.

Warum?
Einfach, weil ich daran alles so schön fand. Die Mode, die Haarschnitte, wie man miteinander umgegangen ist, obwohl Frauen damals nicht so viel zu sagen hatten, oder es war grade so im Umschwung vielleicht. Das hätte mir gut gefallen.
Schön! Nutzt du manchmal Notlügen?
Ja, aber sehr, sehr selten.
Würdest du gerne mal eine Weltreise machen?
Nee. In Gedanken ja, aber ich könnte nicht so lange von meinen Hunden getrennt sein.
Ja, man muss dann auch Kompromisse eingehen.
Es ist glaube ich sehr anstrengend für Körper und Geist, so 'ne Weltreise.
Man könnte ja sagen: Du hast ein Jahr Zeit.
Aber man möchte ja dann so viel wie möglich sehen und erleben.
Kann man das in einem Jahr nicht?
Vielleicht schon, wenn man zwischendrin mal vier oder fünf Tage lang eine Pause macht. Aber dann hat man trotzdem immer den Drang, dass man weiter will und noch mehr sehen.
Möchtest du deine Hochzeit mal ganz groß feiern?
Nee. Ganz klares Nein.
Das sah vor etlichen Monaten GANZ anders aus. Interessant.
Bei mir? Nee.
Doch. Ich weiß, dass du zwei oder drei Tage feiern wolltest. Den ersten Tag nur mit Freunden ganz verrückt und den zweiten Tag mit Angehörigen, Verwandten und so.
Das hab' ich gesagt?

Ja. Also, das ist doch wohl ganz groß.
Nee, das ist nicht groß. Ich hab' ja auch nicht so viele Freunde. Also ganz groß ist für mich 400 Personen. Aber klein wäre 30 Freunde und meine Familie.
Okay. Kannst du dich in die Lage eines behinderten Menschen versetzen? Zum Beispiel einen Rollstuhlfahrer, einen Blinden oder Tauben?
Das mache ich ganz oft. Also, ich versuche es. In letzter Zeit bin ich oft Zug gefahren und habe auch etliche Menschen im Rollstuhl gesehen und auch Blinde und da überlege ich mir oft, wie es wäre, selber im Rollstuhl zu sitzen oder blind zu sein. Aber so richtig reinversetzen geht glaube ich nicht.
Aber es ist ja schon schön, wenn du dir überhaupt Gedanken machst, wie der andere Mensch empfindet. Also für mich war die erste Begegnung ganz schlimm. Deine Internet-Bekanntschaft Sima, so eine nette, junge und hübsche Frau und die sitzt im Rollstuhl …

Oma Inge fängt an zu weinen. Sie lernte Sima in Köln kennen, im Oktober 2018, als wir in die Talkshow »Kölner Treff« eingeladen waren. Sima ist eine treue Followerin auf Instagram und hat von Anfang an unseren Podcast verfolgt. Sie ist großer Fan von Oma Inge und wollte ihr gerne eine kleine Freude machen. So kam es, dass sie uns in Köln im Foyer des Hotels überraschte und wir drei uns für einige Minuten persönlich kennenlernen konnten. Sie übergab uns einen riesigen Blumenstrauß und einen Brief, Oma konnte ihre Tränchen nicht mehr zurückhalten und war ganz baff, dass Sima wegen dieser fünf Minuten so viel auf sich nahm, nur um die Podcast-Oma mal zu umarmen.

Bedauerst du es, noch keinen Mann fürs Leben gefunden zu haben?
Nee.
Klare Antwort.
Ich bin sicher, dass der Richtige einfach noch nicht dabei war.
Würdest du sofort polizeiliche Hilfe oder dergleichen suchen, wenn du belästigt oder vergewaltigt werden würdest.
Ja! Natürlich!
Ja, aber viele machen das leider nicht. Die schlafen erst ein paar Nächte drüber und lassen sich von anderen gute Ratschläge geben und gehen erst am fünften Tag zur Polizei.
Das ist falsch.
Ja.
Sowas muss ganz frisch gemeldet werden. Wie kommst du denn auf solche Fragen?
Wenn ich alleine sitze und den Fernseher nicht anhabe, dann komm' ich auf solche Fragen.

Das waren die Fragen, die meine Oma interessierten. Ich war erstaunt, dass sie erst sagte, sie wisse alles von mir und habe gar keine Fragen und dann kam sie mit solchen »Knallern« daher. Fragt doch auch mal eure Großeltern, ob sie etwas von euch wissen wollen und sagt, dass sie keine Scheu haben sollen, euch auch vermeintlich unangenehme Fragen zu stellen!

17.

Vier Räder und ein Staubsauger

Ich hab' jetzt Aufnahme gedrückt.
Und was hör'n wir dann?
Nee, wir nehmen jetzt auf!

Oma wurde beim Metzger erkannt! Sie bestellt sich beim Metzger öfter mal ihr Mittagessen, so auch in dieser Woche. Sie rief also beim Metzger an und bestellte sich das Tagesgericht, gab ihren Namen und die Adresse an, denn der Metzger liefert das Essen auch aus. Die Frau am Telefon sagte: »Ach, Sie sind die Podcast-Oma!«

Ein paar Tage vor unserem wöchentlichen Treffen teilte mir Oma mit, dass sie gern einen neuen Staubsauger hätte. Sie fragte mich per SMS, welchen ich habe und ob ich mit ihm zufrieden sei. Ich besitze seit Kurzem einen kabellosen Staubsauger und bin damit mehr als zufrieden. Kein Stolpern mehr über das Kabel, schnell und einfach auch spontan mal etwas wegsaugen: kein Problem mehr. Auch Oma ist schon mehrmals über das Kabel ihres letzten Staubsaugers gestolpert, bildete sich aber ein, Modelle ohne Kabel seien »Scheißdreck«. Für mich jedoch sind sie eine tolle Sache! Ich empfahl ihr also, einen Schnurlosen anzuschaffen, bot ihr auch an, ein Modell zu kaufen und ihr vorbeizubringen oder eines im Internet für sie zu bestellen, dann könnte sie am nächsten Tag gleich saugen, aber: Sie wollte jetzt sofort einen Staubsauger ohne Kabel!

Erzähl' doch mal, was du ganz alleine geschafft hast.
Das ist ja gar nicht so schlimm.

Nee, schlimm find' ich's jetzt auch nicht, was du gemacht hast, aber ganz schön mutig.
Mutig schon. Ich wollte aber damit beweisen, dass man auch mit 93 noch was allein machen kann.

Und wie! Auf eigene Faust ist sie inklusive Rollator mit der Straßenbahn zum nächstgelegenen MediaMarkt gefahren. Acht Stationen hin und acht Stationen zurück. Das klingt erstmal nicht weiter aufregend. Im Laden angekommen, suchte sie sich mit Hilfe eines Verkäufers einen modernen Staubsauger aus, dachte dann aber an den Transport des Paketes auf ihrem Rollator. Sie versuchten zuerst, den Karton mit Schnüren an den Rollator zu binden, aber Oma entschied sich dann dafür, das längliche Paket oben draufzulegen. Der Weg zurück zur Bahn-Haltestelle war auch kein Problem, doch dort angekommen, wurde ihr schnell klar, dass sie ohne Hilfe die sieben Treppenstufen zur Station nicht schaffen konnte.

Da hab ich gesehen, dass ich das nicht schaffe und habe zu einem Mann, der immer zu mir rüber guckte, gesagt: Guten Tag, Sie müssen mir nicht helfen, ich kann auch die zwei Haltestellen bis zum Rathaus zu Fuß gehen.
Das ist ungefähr einen Kilometer weit weg.
Ja. »Nein«, sagte der Mann, »das machen Sie nicht! Ich helf' Ihnen doch!« »Oh!«, sag ich. »Das ist nett!« Also, die Autos standen alle vor dem Zebrastreifen, weil die Ampel rot war. Dann nahm der Mann den Staubsauger vom Rollator und lief diese sieben Stufen zum Gleis hoch. Die Bahn stand schon da. Und ich war immer noch auf dem Zebrastreifen! Und dann stand ich vor diesen Stufen und wusste nicht, wie ich die hochkommen sollte. Sah aber mit einem Auge, dass der Mann meinen Staubsauger bereits

in die Bahn gehievt hatte. Stellt euch mal vor! Und ich bin sieben Stufen unter der Treppe! Dann habe ich irgendwie Kräfte bekommen. Von oben. Sodass ich mich mit der linken Hand am Geländer hochziehen konnte und mit der rechten Hand – NUR mit der rechten Hand – den Rollator …
Ach, du hast den selber die Treppe hoch …!?
Ja, natürlich!
Und der Mann war schon in der Bahn?
Nein, aber er guckte auf die Bahn und auf mich.
Aber warum hat er dir den nicht hochgehoben?
Er hatte bestimmt Angst, dass die Bahn losfuhr, dann wäre er noch schnell reingesprungen …
Mit deinem Staubsauger?!
Mit meinem Staubsauger! So denke ich. Ich weiß jedenfalls nicht, wie ich die Stufen hochkam. Kim, ich war mit einem Mal in der Bahn!
Das wollte ich dich ohnehin mal fragen: Wie ist es denn, wenn du in der Bahn unterwegs bist oder Hilfe brauchst, hilft dir dann jemand?
Jeder ist darauf bedacht, dass ich gut an den Platz komme, wo eigentlich eine Dame mit Kinderwagen sitzen darf. In dem Fall ist nur der Kinderwagen mein Rollator. Ich müsste wahrscheinlich aufstehen, wenn eine Dame mit Kinderwagen einsteigt, aber das war bisher noch nicht der Fall.
Also wenn du Hilfe brauchst, dann wird dir geholfen?
Immer. Immer. Ganz, ganz großes Lob an alle Mitmenschen, sie sind wirklich hilfsbereit. Das hätt' ich nicht erwartet. Und auch wenn beim Aussteigen vor mir einer geht, dreht der sich nochmal um, ob ich gut über die Schwelle komme. Er oder sie geht nicht gleich seinen oder ihren Weg. Dabei kenn' ich die Leute ja gar nicht.

Ich frage Oma, ob sie selbst früher auch älteren Menschen, die sie nicht kannte, ihre Hilfe angeboten hat.

Ja, aber jemandem mit Rollator hab' ich noch nicht geholfen. Aber was ich lange, lange, lange gemacht habe: Ich bin aufgestanden in der Straßenbahn, wenn sich ältere Leute setzen wollten, während das heute nur noch wenige tun.

Ich erzähle von einer tragischen Geschichte, die sich ein paar Wochen vor unserem Treffen ereignete: Ein älterer Herr kippte an der Bushaltestelle direkt neben mir einfach um und schlug mit dem Kopf auf. Zum Glück war ich nicht allein da! Jedenfalls rief ich sofort den Notarzt, sprach mit dem Mann am Boden und legte meine Hand auf seinen Rücken. Das war ein ganz schrecklicher Moment, als ich den Mann mit starrem Blick dort liegen sah, aber er konnte noch sprechen und war wohl auf Grund seines instabilen Kreislaufes umgekippt. Wenig später kam der Notarzt und versorgte den Verletzten, aber mir steckte der Schock noch ein paar Stunden lang in den Gliedern.

Wir sprechen über Erste Hilfe an Unfallstellen, und Oma erzählt, dass mein Opa immer eine Decke und ein Kissen für solche Notfälle im Auto hatte, doch sie sagte damals schon immer zu ihm

Also, wenn du an einem Unfall vorbeikommen solltest: Ich kann nicht aussteigen. Das ist wie eine Starre. Dann hat er gesagt: »Du musst gar nicht direkt helfen, du musst nur zu dem Verletzten gehen und deine Hand auflegen, das reicht. Damit er merkt, dass er nicht alleine ist.«
Hattest du selbst schon mal einen schlimmen Unfall?
Nö. 'N Unfall nicht. Ich bin nur mal irgendwo reingefahren.

Wo bist du reingefahren?
Das war, als ich noch keinen Führerschein hatte und auf dem Hof meiner damaligen Firma probieren durfte. Der Opa saß dabei neben mir und sagte: »Komm, wir üben jetzt auf dem Gelände!« Also: Ich bin drei Mal schön rumgefahren und mit einem Mal sagte er: »So und jetzt hier rechts rein.« Da war 'ne Lücke. Aber ich hab's nich' geschafft. Und schon streifte ich mit Opas Auto die rechte Tür des Autos unserer Versicherungsagentin Frau Hepe. Ich weiß noch wie teuer die Tür war: 439 Mark. Und ich bin natürlich sofort zu Frau Hepe rauf und hab ihr gesagt, was mir passiert ist. Dann bin ich mit schlotternden Knien zurück zum Opa und hab gesagt: »Ich mach' niemals den Führerschein!!«

Einen typischen Auffahrunfall hatten meine Großeltern ein paar Jahre später dann doch noch: Die Ampel schaltete um auf gelb und Opa dachte, der Fahrer vor ihm würde noch über die Kreuzung fahren, dieser blieb aber stehen und die beiden fuhren in den Wagen rein. Zum Glück ist nie etwas Schlimmeres passiert.

Wir kommen zurück zur Staubsaugergeschichte. Die Fahrt bis zur Endhaltestelle verlief ohne weitere Probleme, doch beim Aussteigen wollten die vorderen Räder des Rollators nicht so richtig über die Schwelle der Tür und Oma dachte erst, die kleinen Rollen würden gleich in die Ritze rutschen. Eine Dame beobachtete das, aber da sie sah, dass es dann doch klappte, musste sie nicht helfen.

Ich bin dann seelenruhig nach Hause gegangen – voller Glück natürlich – aber danach war es aus.
Es war aus? Du musstest deinen Akku erstmal wieder aufladen?

Ja. Das hab' ich dann alles hingelegt und mich dazu. Aber ich war glücklich! Wenn man etwas wirklich will, kann man das auch!

Als sie am Abend vor ihrer kleinen Rollator-Staubsauger-Aktion im Bett lag, spielte sie alles in Gedanken durch. Sie sagte sich »Ich schaffe das!« und war voller Willenskraft.

Vielleicht fragt ihr euch, ob Oma mit ihrem neuen Staubsauger zufrieden ist. Nun ja. Drei Monate nach der Staubsauger-Odyssee sagte sie bei einem meiner Besuche ganz leise zu mir:

Ich muss dir was sagen, Kimi. Ich will wieder einen neuen Staubsauger.
Was? Wieso?!
Ich muss doch den Staub immer ausleeren, das gefällt mir nicht. Ich hasse Staub. Ich will wieder einen mit 'nem Beutel! Besorgst du mir einen?

Der kabellose Staubsauger ohne Beutel ist für Oma also doch keine optimale Lösung, denn immer, wenn sie den Staubbehälter nach dem täglichen Staubsaugen über dem Mülleimer ausleert, endet dies jedes Mal in einer *»Sauerei«*, denn dann schweben natürlich ein paar Staubpartikel über dem Mülleimer und sie atmet diese ein. Die Option, nach jedem Saugen mit dem Aufzug ins Erdgeschoss zu fahren, zu den Mülltonnen zu laufen und den Staubsauger dort auszuleeren, ist ihr zu anstrengend. Nun soll es also doch wieder ein Staubsauger MIT Kabel und mit Beutel sein. Ich habe ihr aber ans Herz gelegt, zu warten, bis ich in der nächsten Woche zu ihr kommen würde; eine erneute Fahrt mit Rollator und Staubsauger in der Straßenbahn möchte ich allen ersparen!

18.

WIESO UNS ZAHNSEIDE GLÜCKLICH MACHT

Die Frage nach dem Glück beschäftigt nicht nur unsere Zuhörer, von denen wir jede Woche mindestens einmal eine E-Mail bekommen, die die Frage beinhaltet: »Was macht dich glücklich, Oma Inge?« Auch ich frage mich in den letzten Jahren oft: Was brauche ich eigentlich, um glücklich zu sein? Brauche ich den Schrank voller Klamotten? Brauche ich Geld auf dem Konto oder einen bestimmten Menschen, der mich glücklich macht? Ich bin also auf die Suche gegangen, um rauszufinden, was mich richtig glücklich macht. So habe ich mich zum Beispiel vor meinen Kleiderschrank gestellt und jedes Kleidungsstück in die Hand genommen: Macht mich dieses T-Shirt glücklich? Wenn nein, wieso? Nach 30 Kleidungsstücken, die ich auf einen Haufen warf, wurde mir klar: Fast alle Teile waren dunkelblau. Dunkelblau macht mich also nicht glücklich, die Farbe löst in mir ein Unwohlsein aus, wieso genau kann ich gar nicht mal sagen. Mit Socken folgte die gleiche Prozedur: Ich war im Besitz von 20 Paar niedlichen Motivsocken. Hunde, Katzen, Fische, Würstchen, Melonen und Flamingos. Jedes Mal, wenn ich mir Socken aus dem Schrank holte und merkte, dass alle einfarbigen Paare in der Wäsche waren, griff ich widerwillig zu den Motivsocken und fühlte mich den ganzen Tag seltsam. Also: Alle Motivsocken kamen weg, denn: Sie machen mich nicht glücklich, auch wenn einige davon ein liebgemeintes Geschenk in den vergangenen Jahren waren.

So beleuchtete ich sämtliche Bereiche meines Lebens, und dieser Prozess hat mir geholfen, einige Dinge und Menschen »auszusortieren«, die mich nicht glücklich machen. Vielleicht kannst auch du dir ein bisschen Zeit für dich nehmen und dein Leben auf diese Art beleuchten. Ich glaube, dass wir manchmal gar nicht merken, dass uns etwas keine Freude (mehr) bereitet, wir es aber aus reiner Gewohnheit weiter »mitschleppen«. Das ist wie Ballast, der unseren Heißluftballon des Lebens am Boden hält und verhindert, dass wir so richtig »abheben«. Nach dem Aussortieren empfand ich eine Mischung aus Erleichterung und Ruhe. Ich hatte weniger Dinge, weniger Ballast, weniger komische Gefühle und konnte mich endlich auf Anderes, Wichtigeres, Neues konzentrieren. Ich möchte niemanden dazu anstiften, sich einen Container vors Haus zu stellen und allen Besitz wegzuwerfen. Ich erzähle lediglich meine Geschichte, und vielleicht inspiriert sie, sich bewusst zu werden, wen oder was er zum Glücklichsein ganz persönlich braucht und was eben nicht.

Stellen wir diese hochinteressante Frage jetzt also mal an die Podcast-Oma!

Also, Oma, was macht dich glücklich?

*Zum Friseur gehen! Und wenn bei mir zuhause alles sauber ist. Du wirst drüber lachen, aber es is' so! Wenn ich schmutzige Fenster sehe, stören die mich. Ich kann sie aber ja nicht mehr alleine putzen, muss also warten, bis jemand das macht.**

* Vielleicht denkst du dir: Wieso putzt Kim denn nicht die Fenster von Oma Inge? Nun, Omas und meine Definition eines sauberen Fensters liegen meilenweit auseinander. Ich könnte ihre Fenster natürlich putzen, wüsste aber ganz genau, dass sie danach selber auf die Leiter steigen und alle Fenster nochmal putzen würde.

Aber bist du dann nicht glücklich, wenn deine Fenster dreckig sind?
Nicht so richtig. Nicht hundertprozentig. Is' doof, ne?
Wow. Nee, doof nicht, aber traurig, dass man sein Glück abhängig macht von sauberen Fenstern.
Nicht nur von Fenstern. Überhaupt von Unsauberkeit. Ich will das gar nicht laut sagen, dass ich Sauberkeit liebe.
Aber die Fenster allein können es ja nicht sein, die dich glücklich machen, oder?
Nein, auch Schokolade. Süßigkeiten. Und schöne Fernsehsendungen. Besuch bekommen, das ist auch was Schönes. Und Pflanzen! Ich bin schnell und leicht glücklich zu machen! Ich freu mich auch über schönes Wetter!
Post macht dich auch glücklich, Oma, oder?
Ja!
Kam denn schon Post mit einer Flasche?
Ja! Weißt du, von wem die ist?
Na, die hab' ich dir geschickt! Das ist Haselnusslikör.
Ja, das steht druff. Und wie kommst du auf die Idee?
Na, der andere Likör war uns doch zu stark mit 40% Alkohol.
Ich will ja lieber nicht wissen, wie teuer die Flasche ist. Mensch, dass ich nicht gleich draufgekommen bin, dass du mir die geschickt hast!
Nächstes Mal sag' ich dir vorher Bescheid, wenn ich dir was schicke!

Mich macht beispielsweise Essen sehr glücklich. Ein frisch zubereitetes Gericht mit leckerem Gemüse, Reis und Erdnüssen: Da schließe ich beim Essen gerne die Augen und spüre förmlich, wie das Glück durch meinen Körper strömt. Auch gute Gerüche machen mich glücklich und das Meer, der Horizont, Pflanzen, Hunde und die Natur.

> *Ich kann mich hinsetzen und 'ne ganze Tafel Schokolade essen. Mir ist danach nicht schlecht! Außer neulich. Da ging es mir sehr schlecht und ich wusste nicht, wie lang ich wohl noch leben würde. Da aß ich viel Schokolade und mir war schlecht.*

Geben ist schöner als Nehmen, das habe ich von meiner Oma gelernt. Menschen glücklich zu machen, das macht uns beide glücklich. Zu lesen und zu hören, dass unsere Gespräche zum Nachdenken anregen und zum Lachen bringen, das ist ein sehr schönes Gefühl!

Ein besonders lustiger Nachmittag mit Oma Inge wird mir für immer im Gedächtnis bleiben: Der Tag, an dem ich ihr den Floss-Dance (auf Deutsch »Zahnseiden-Tanz«) beibrachte. Der ein oder andere wird mit diesem Begriff nichts anfangen können, es handelt sich um einen Trend, der aus den USA von einem 15-jährigen Jungen ins Leben gerufen wurde. Beim Floss-Dance werden die Hände zu Fäusten geballt, die Hüfte in die eine Richtung und die nach unten ausgestreckten Arme in die andere Richtung bewegt. Hüften und Arme bewegen sich anschließend in die jeweils andere Richtung, während ein Arm vor und einer hinter dem Körper langführt. Oma Inge schrieb mir eines Tages eine SMS, sie wolle bitte den Floss-Dance erlernen, sie hatte im Fernsehen eine Sendung gesehen, bei der dieser Tanz vorgeführt wurde und sie fand ihn äußerst amüsant. Als ich das nächste Mal bei ihr war, erklärte ich ihr die Bewegungen, wir tanzten eine halbe Stunde zusammen und lachten so sehr, dass mir am nächsten Tag noch die Backen wehtaten. Die Podcast-Oma stellte sich super an und war richtig außer Atem, sie wollte den Tanz gerne in den nächsten Tagen üben und mir dann beim nächsten Besuch die Fortschritte zeigen.

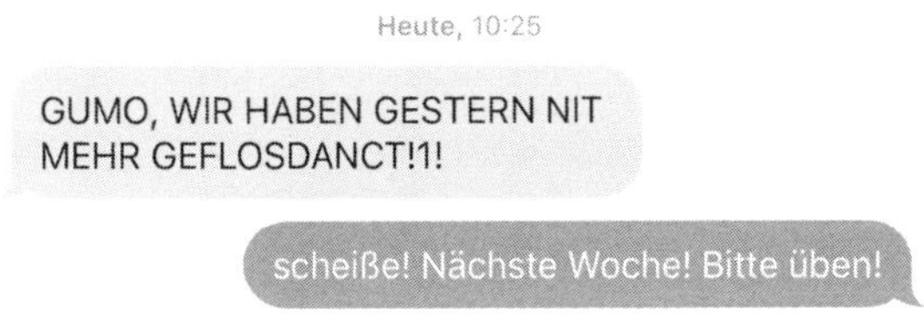

19.

REIBUNGSPUNKT PUTZLAPPEN

Ich weiß, dass Oma gerne putzt beziehungsweise geputzt hat.

Heute putz' ich kaum noch. Ich würde zwar gerne öfter putzen, aber ich kann es nicht mehr.
Weil man sich dafür bücken muss?
Ja und anheben und hochheben, aber das kann ich alles nicht mehr.
Aber Staubwischen, machst du das noch?
Sollte ich.

Ich für meinen Teil putze sehr ungern. Ich putze, wenn es dreckig ist und mir das auffällt oder wenn ich Besuch bekomme, aber ich habe kein Ritual oder einen bestimmten Tag, an dem geputzt wird. Für meine Mutter und meine Großmutter sind Putzen und Ordnung sehr wichtig. Ich habe dieses Gen wohl übersprungen oder es vielmehr von der anderen Seite der Familie vererbt bekommen: Mir ist Putzen relativ egal. Ich mag gerne Chaos, genauso gerne räume ich aber auch mal auf. Staubwischen mochte ich schon als Kind nicht. Seit ich Hunde habe, sauge ich allerdings jeden Tag, das muss schon sein. Ich bin auch der Meinung, dass nicht jeder Mensch die gleiche Auffassung von »sauber« und »ordentlich« haben muss. Jeder kann für sich selbst entscheiden, wann und wie oft und wie gründlich er putzen will. Stichwort Frühjahrsputz: Ich liebe es, auszumisten und Sachen wegzuwerfen, nicht erst seit meinem Sinneswandel im letzten Jahr. Schränke ausräumen, reinigen, wieder einräumen. Ein tolles Gefühl, aber eben nur ein bis zweimal im Jahr. Ich frage Oma, wie bei ihr der Frühjahrsputz aussieht:

Also, wenn ich ganz ehrlich sein soll: Ich kannte das Wort Frühjahrputz gar nicht. Bei uns wurde geputzt, wenn es schmutzig war.
Dass man einmal im Jahr so einen richtig großen Putz gemacht hat, das kennst du gar nicht?
Nein, das kenne ich nicht. Du wirst es nicht glauben, aber das Wort Frühjahrsputz habe ich erst hier im Schwabenland, was ja angeblich das sauberste Bundesland ist, kennengelernt.

Erst Omas Vermieterin in Stuttgart hat ihr den »schwäbischen« Frühjahrsputz quasi beigebracht; doch auch der wöchentliche Putztag wich von Omas Gewohnheit ab: In ihrer Heimat wurde montags geputzt, im Schwabenland freitags.

Und was, wenn ihr damals am Montag was vorhattet?
Dann hat man am Dienstag geputzt.
Und wenn man am Dienstag auch was vorhatte?
Dann hat man gar nicht geputzt.
So ist es bei mir meistens. Ich putze, wenn ich Besuch bekomme.
Du bist mir nicht böse, wenn ich dir jetzt etwas sage, oder?

Ich weiß schon, was du mir sagen wirst …
Ich habe bei dir keinen Schmutz festgestellt, sondern eine gewisse Unordnung. Und ich kann mir nicht vorstellen, dass, wenn du was suchst, das auch findest. Wobei ich denke, wenn man selber die Unordnung macht, dann findet man auch was.
Genau. Für mich ist das auch keine Unordnung. In so 'nem geordneten Chaos fühl' ich mich wohler als in einer klinisch aufgeräumten Wohnung.

Der schwäbische Frühjahrsputz, wie Oma ihn kennengelernt hat sah folgendermaßen aus: Sobald die Vorhänge der Nachbarin im Erdgeschoss abgehängt waren – meist zwischen Ostern und Pfingsten –, war das für Oma Inge das Zeichen, in den nächsten zwei Tagen auch anzufangen. Dann wurden die Gardinen abgenommen und gewaschen, die Fenster geputzt und die Gardinen dann wieder angebracht. Das Putzen ging der Nachbarin schneller von der Hand als meiner Großmutter, die damals ja auch noch einen Job und irgendwann auch ein Kind hatte. Alle Teppiche wurden auf die Teppichstange im Hinterhof gehängt und ausgeklopft, Schränke nass ausgewischt, die Dielen gewienert, die Vorratskammer auf Vordermann gebracht und der Keller feucht gewischt. Die Nachbarin war also in drei Tagen mit dem kompletten Frühjahrsputz fertig und laut Oma Inge hätte Frau K. aus dem Erdgeschoss das auch gerne in den Stadtanzeiger gebracht, dass sie mit Putzen fertig war.

Ich könnt' mich noch kratzen, wenn ich dran denke!

Ihre Schränke inspizierte die Podcast-Oma in der Regel einmal im Jahr, wobei sie dann feststellte, wie viel unnötiges Zeug sich im letzten Jahr angesammelt hatte. Geschenke, die man nicht benötigt? Ab in den Schrank. Kaputtes, das man irgendwann mal reparieren will? Ab in den Schrank.

Ich erzähle Oma, dass laut Umfragen heute 90% der Deutschen heute immer noch den Frühjahrsputz machen. Davon sind über 80% Frauen.

Ist doch klar, dass Männer keinen Frühjahrsputz machen. Nein, das trau' ich ihnen nicht zu! Die haben entweder noch 'ne Mutti oder 'ne Freundin, die dann sagt: »Du, weißt du was, heute räumen wir mal deinen Schrank auf!« Der Opa war früher gar nicht angetan, wenn er mich mit Schrubber und allem Möglichen sah. Er hat dann sein Auto geputzt.

Stichwort Putzen und Auto: Seit fast drei Jahren darf ich das Auto meines Großvaters fahren, nachdem Oma Inge entschied, dass sie es selbst nicht mehr fahren kann und will. Das Auto meines Opas war, solange er lebte, immer krümel- und staubfrei, blitzblank gewaschen, vollgetankt und poliert. Für ihn – und auch für meine Oma – war ein Auto kein Gebrauchsgegenstand, sondern vielmehr ein Luxusgut, das man hegt und pflegt. Das ist ein Reibungspunkt meiner Oma und mir, denn für mich ist ein Auto ein Transportmittel und nicht die »Visitenkarte eines Menschen«, wie sie mir eines Tages in einem Brief mitteilte. Auto, Fenster und Fingernägel, die Dreifaltigkeit. Das Auto muss gesaugt, die Fenster müssen poliert und die Fingernägel gefeilt sein, dann ist Oma zufrieden.

20.

DAS ENDE DER DOPPELGENÄHTEN KNAPPNAHTHOSE

Am Abend des 9. Novembers 1989 saßen meine Großeltern vor dem Fernseher, wie vermutlich die meisten Westdeutschen. Deutschland war seit 1949 ja geteilt in West und Ost, und da ihre Verwandten nicht ebenfalls geflüchtet waren, lebten diese seit dem Mauerbau im Gebiet der DDR. In den ersten Novemberwochen 1989 lag eine gewisse Unruhe in der Luft und überall, wo man sich traf – im Garten, bei Freunden, im Schwimmverein – redete man nur noch über den Mauerfall.

Jeder drüben hatte gedacht, das ist Quatsch. Das gibt's nie, dass die Mauer fällt!

Auch im Westen waren viele der Ansicht, dass es nicht dazu kommen könnte, denn *»wenn die jetzt noch nich' gefallen ist, dann wird se auch nicht mehr fallen«* – so die gängige Meinung in Omas Bekanntenkreis.

Ich frage Oma Inge, wie das Gefühl war, als die Grenze dann plötzlich doch aufging.

Toll. Wir haben alle nur geheult.

Ich war im November 89 fast drei Jahre alt und habe die ganze Aufregung nicht so richtig mitbekommen, weiß aber, dass auch meine Eltern, die damals so alt waren wie ich jetzt – also Anfang 30 – viele Tränen vergossen haben. Sie hatten Freunde im Osten, die sie im Sommerurlaub 1989 in Ungarn kennenlernten. Sie schickten ihnen ein paar Monate vor dem 9. November eine Einladung zum 70. Geburtstag meiner Urgroßtante väterlicherseits, die aber gar nichts von ihrer eigenen Geburtstagsfeier wusste, denn für eine Reisegenehmigung in den Westen brauchte man damals eine Einladung oder einen triftigen Grund. Somit entwarfen meine Eltern eine Einladung zu dieser fiktiven Geburtstagsfeier, die Reise wurde tatsächlich genehmigt, und die Freunde fuhren am 9.11.1989 mit dem Zug nach Stuttgart. Dass an diesem Tag die Mauer fallen würde, hätte natürlich niemand geahnt, umso spektakulärer war das Wiedersehen am Bahnhof! Es war fast so, als würde man jemanden abholen, der jahrelang unschuldig im Gefängnis gesessen hatte.

So haben die sich bestimmt auch gefühlt.
Wann hast du denn deine Verwandten nach dem Mauerfall wiedergesehen und wer war das überhaupt?
Ich hatte ja das Glück, dass meine Mutter Rentnerin war und schon vor dem Mauerfall ab und zu mal rüberkommen durfte. Und auch meine Nichte Renate, die hatte einen Schwerbehindertenausweis durfte auch ausreisen. Mit der hab' ich mich öfter mal getroffen, mit meiner Mutter auch. Aber die anderen, die Cousinen, ja da hat man sich natürlich gefreut, dass man sich bald wiedersieht! »Bald« hat zwar noch recht lange gedauert, weil man, ich glaube, am Anfang auch ein bisschen Angst hatte, ob es wirklich alles »echt« war. Ja, man war doch misstrauisch. Wir hatten ja nichts zu verlieren, aber die, die kamen …

In der Zeit nach dem 9. November galt es, jeden Tag die Nachrichten im Radio und Fernsehen gespannt zu verfolgen. Man beobachtete die Flüchtlingsbewegung in Österreich und Ungarn, hat sich mit allen gefreut und war skeptisch, ob »das alles« wirklich Realität war oder nur ein verrückter Traum. So fühlte es sich zumindest für meine Oma an.

Du bist schon vor dem Mauerbau, 1953, mit Opa in den Westen geflohen, war das für dich im Nachhinein eine gute Entscheidung?
Ja, natürlich!!
So hast du dann ja auch mitbekommen, was im Osten abgegangen ist.
Ja, und vor allem sind wir ja auch wegen des 17. Juni 1953 geflohen. Ich saß an meinem Arbeitsplatz an der Schreibmaschine, als ein Russe in die Firma kam, auch in unser Büro, und der schmiss die Maschine einfach von meinem Schreibtisch runter. Das war für uns ein Zeichen, dass wir ganz schnell loslaufen mussten. Wir sind dann auch alle auf den großen Hof der Werft gelaufen, voller Angst. Einige wurden in Autos gezerrt. Mein Walter war zu dem Zeitpunkt nicht in Warnemünde, sondern in Schwerin. Telefonieren ging nicht, weil alle Leitungen besetzt oder gestört waren. Ich musste also zwei Tage warten, um etwas von ihm zu hören. Das war bitter.

Mein Opa war bei seiner Mutter in Schwerin, er kam nach zwei Tagen wieder zurück. Da war »alles wieder gut«, doch das junge Liebespaar bekam »Muffensausen« und überlegte, wie und wann sie wohl aus der DDR flüchten konnten. Sehr viele Menschen flohen nach dem 17. Juni 1953, doch warum eigentlich?

Die Anfangsjahre der DDR waren für die Bürger alles andere als leicht, so mussten Bauern zum Beispiel plötzlich höhere Abgaben leisten, die Arbeitsnormen wurden erhöht, die Lebensbedingungen wurden erheblich erschwert. Einige Regelungen und Verschärfungen wurden Anfang Juni 1953 von der DDR-Regierung zwar wieder zurückgenommen, galten aber weiterhin für Bauarbeiter. Diese riefen zu einem Generalstreik am 17. Juni auf. Mehr als 1 Millionen Menschen ging an diesem Tag in der DDR auf die Straße, um zu protestieren. Sie forderten den »Rücktritt der Regierung«, der SED, und »freie Wahlen«, doch dieser Streik wurde eine Rebellion, die Rebellion ein Aufstand. In der ganzen DDR strömten Arbeiter und Arbeiterinnen auf die Straßen. Russische Panzer beendeten den sogenannten Arbeiteraufstand: mehr als 50 Menschen verloren an diesem Tag ihr Leben, 13.000 wurden verhaftet, viele davon nach Moskau transportiert. Die Unruhen hielten bis zum 21. Juni an.

Im Jahr 1952 flohen 182.393 Menschen aus der DDR, im Jahr 1953 waren es 331.390*, also fast doppelt so viele. Zwei davon waren meine Großeltern.

Niemand war in ihre Flucht eingeweiht, auch die Eltern wussten nur, dass ihre Kinder auf Hochzeitsreise gingen. Dass Inge und Walter nicht mehr zurückkehren würden, ahnte niemand. Die Familie wurde erst informiert, als die beiden nach der eigentlichen Hochzeitsreise in Thüringen über Ost-Berlin schließlich in West-Berlin angekommen waren. Doch nicht per Telefon, denn man hatte immer Angst vor »Mithörern«; außerdem war ein Ferngespräch damals sehr teuer, unter 10 Mark war nicht an ein Telefonat außerhalb der Stadt zu denken.

---

* Zuwanderer aus der DDR in die Bundesrepublik 1949–1961. Aus: Normalfall Migration, bpb 2004. (© bpb)

Für mich ist die DDR immer schon unglaublich interessant gewesen. Ich habe als Jugendliche Bücher, Filme und Dokumentationen über den Mauerbau, den Mauerfall und die Wiedervereinigung verschlungen. Ein Teil der Geschichte, der für mich wohl nie uninteressant wird.

Meine Oma wollte ihren Augen nicht trauen, als die Mauer gebaut wurde. Mitten in der Stadt einfach eine Mauer zu bauen, war für meine Großeltern ein Unding, zumal der Staatsratsvorsitzende Walter Ulbricht im Radio beteuert hatte, dass niemand die Absicht habe, eine Mauer zu bauen. Acht Tage später stand sie schon.

1984, so erinnert sich meine Oma, wünschte sich ihr Großneffe Thomas, der mit seiner Familie in der DDR lebte, zur Jugendweihe eine »echte« Jeanshose. In der DDR war solch eine »blaue doppelgenähte Knappnahthose« oder Nietenhose sehr verpönt, sie galt sogar als systemgefährdend, weil sie eng am Körper saß und sowohl Männer als auch Frauen sie trugen. Nicht selten wurden Schüler nach Hause geschickt, wenn sie mit einer Jeans zum Unterricht erschienen. In den 70ern begannen zwar Firmen in Ost-Deutschland, eigene Jeanshosen herzustellen, doch mit einer »echten« Levis Jeans war man natürlich etwas ganz Besonderes. Meine Großeltern schickten also eine solche Hose in die DDR, der Großneffe war begeistert und zog sie auch eines Tages in die Schule an. Der Rektor jedoch war gar nicht begeistert: Er beauftragte einen einen Mitschüler damit, Thomas nach Hause zu begleiten und dafür zu sorgen, dass dieser sich dort eine »ostzonale« Hose anzog und wieder zurück zur Schule kam.

21.

Von Alfons, Kartoffelsalat und einem Osterhasen auf Inline-Skates

Kannst du dich noch an ein bestimmtes Weihnachtsfest in deiner Jugend oder Kindheit erinnern?

Ja. Also ich war wohl zehn Jahre alt und hatte Klavierstunden. Meine Schwester und ich wollten unseren Vater zu Weihnachten, mit einem Weihnachtslied auf dem Klavier überraschen. Kannst du dir vorstellen, wie aufgeregt ich war?

Die beiden Schwestern wollten heimlich am heimischen Klavier üben, wenn der Vater bei der Arbeit war, doch er war immer genau dann weg, wenn auch die beiden Mädchen in der Schule waren. Außer am Kegelabend, wenn Vati und Mutti die Kugeln über die Kegelbahn pfefferten – dann konnten die Schwestern für ihre Überraschung proben. An das Lied erinnert sich Oma Inge heute nicht mehr. Am 24. Dezember waren Lotte und Inge sehr aufgeregt und durften den Tag über nicht ins Wohnzimmer, weil da der von den Eltern geschmückte Baum stand.

Abends bimmelte Vati mit so 'ner Weihnachtsglocke und dann durften wir endlich rein! Das Klavier war aufgedeckt und mein Vater sagte: »Mach' mal das Klavier zu!« Da sagte meine Mutter: »Nein, die beiden möchten dir etwas vorspielen.« Da seh' ich noch meinen Vater: Er war ganz aufgeregt und wir natürlich auch!

Sie setzten sich ans Klavier, Inge auf einem Hocker, den sie ganz nach oben drehte, Charlotte saß auf einem Stuhl, sie war ja schon größer als ihre Schwester. Sie spielten ihr einstudiertes Weihnachtslied und aus dem Augenwinkel sahen sie, wie Tränen über das Gesicht des Vaters kullerten. Er war so gerührt, dass seine Töchter heimlich geübt hatten.

Weihnachtsgeschenke wurden damals nicht verpackt und zugeschnürt, sie lagen offen unter dem Baum. Jeder bekam einen »bunten Teller«, garniert mit Weihnachtskeksen, einer Tafel Schokolade (jeder bekam die, die er am liebsten aß, Oma Inge bekam immer Nougatschokolade), Apfelsinen oder Mandarinen, dazu ein Apfel, Marzipankartoffeln und Nüsse.

Mein Teller war natürlich immer am ehesten leer.

Neben dem Teller, der für Oma Inge bestimmt war, sah sie damals ein Fingernageletui, welches sie sich schon so lange gewünscht hatte. Voller Glück über dieses Etui, wollte sie am liebsten schon während des Liedbeitrages aufstehen und zum Baum rennen, doch sie war geduldig, spielte die letzten Töne zu Ende und stürzte sich dann auf den Teller und ihr Geschenk.

Ich sage mit Absicht mein »Geschenk«, denn so viel wie heute die Kinder und Erwachsenen bekommen, gab es bei uns nicht. Wir hatten meist etwas, das wir uns arg wünschten und dazu kriegte man vielleicht noch ein Buch und

etwas zum Anziehen, höchstens drei Geschenke. Ich bin hier immer ganz benommen, wenn ich zu Leuten komme, die den ganzen Fußboden voller Geschenke haben.
Ja, so wie bei uns früher. Als wir Kinder waren, war das ganze Wohnzimmer voll mit Geschenken.

Die Geschenke in meiner Familie wurden jedoch von Jahr zu Jahr weniger und auch kleiner und vor allem nützlicher. Meine Eltern handhaben es inzwischen so, dass sie das ganze Jahr über schon Geschenke sammeln, von denen sie denken, dass ich sie gut gebrauchen kann, und die schenken sie mir dann zu Weihnachten und zum Geburtstag, der kurz nach Weihnachten ist.

Den Klavierunterricht beendete Oma Inge nach knapp vier Jahren, denn die Abstände zwischen den Unterrichtsbesuchen wurden immer größer; ab und an traf die Klavierlehrerin Inges Mutter auf der Straße, erkundigte sich nach ihr und fragte, wieso sie am Vortag nicht zum Unterricht erschienen sei. So wurde Inges Faulheit am Klavier aufgedeckt, sie ging lieber zu den Jungmädchen. Fahrradfahren und Rumalbern fand sie mit elf wichtiger als Klavierunterricht. Trotzdem wurde an Weihnachten immer noch mit der Familie musiziert. Ich verstehe nun auch, wieso die Podcast-Oma heute so großen Wert auf das Musizieren am Heiligen Abend legt, was für mich immer ganz furchtbar war. Zwar sind wir eine recht musikalische Familie, jedoch an Weihnachten führte das Thema Musik bisher fast jedes Mal zu einem mittelgroßen Desaster. Die eine will singen, die andere will nicht singen, einer will die Weihnachts-CD von Michael Bubleé hören, der andere lieber Lieder ohne Gesang, die Gitarre ist nicht gestimmt, das Licht zu dunkel, um die kleingedruckten Strophen lesen zu können, die eine singt zu hoch und zu laut, der andere singt zu tief und zu leise. In einem Jahr dachte ich, es wäre eine schöne Idee, die Blockflöte mal wieder auszugraben und spielte »Oh, du Fröhliche«. Nach drei Tönen bekam ich einen Lachanfall und prustete nur noch in die Flöte, was nicht wirklich schön klang. Oma Inge war beleidigt und sprach bis zum Abendessen nicht mehr mit mir. Damals wusste ich noch nicht, dass ihr das Musizieren am Weihnachtsabend so viel bedeutet.

Mir bedeutet Weihnachten dagegen sehr wenig, und ich werde oft komisch angeschaut, wenn ich das sage. Für mich hat Weihnachten etwas Gezwungenes und Verkrampftes, man »muss« Geschenke kaufen, man »muss« mit der Familie Weihnachten verbringen. Doch: Muss man das wirklich? Wer schreibt einem vor, dass man Lieder singen und sich hübsche Kleidchen anziehen muss? Wieso muss man Gedichte auswendig lernen? Ich verbringe viel Zeit mit meiner Familie und mag auch Weihnachtslieder, Lichterketten und kitschigen Christbaumschmuck. Aber alles drum herum macht mir irgendwie kein gutes Gefühl. An Weihnachten mal alleine am Strand an der Nordsee zu sein, das fänd' ich schön.

Das schönste Weihnachten für mich war, als die ganze Familie krank war und die Feiertage im Schlafanzug auf den Sofas verbrachte. Dass alle krank waren, war natürlich nicht schön, aber die Feiertage ohne Festtagsmenü, ohne Stress, ohne Kirche, ohne schickes Kleidchen zu verbringen, gefiel mir als Teenager außerordentlich gut. Ganz normal. Darum mag ich auch den Brauch der Amerikaner und Engländer, die sich am 25. Dezember morgens im Schlafanzug unterm Baum treffen und den Tag entspannt miteinander beginnen. Ich bin kein großer Fan davon, dass Kinder Gedichte vom guten, alten Nikolaus oder dem Tannenbaum runterrasseln (meist lustlos) und nur, wenn sie dieses ganz brav vorgetragen haben, ihre PlayStation oder die 20. Barbie aus dem Glitzerpapier reißen können. Ich werde die nächsten Weihnachten auf jeden Fall so verbringen, wie es mir gefällt und keine Weihnachtslieder mehr singen, nur weil es jemand von mir verlangt.

> *Ich musste immer ein Gedicht lernen für Vati. Das fand ich auch furchtbar. Aber man hat's halt mitgemacht.*

Mich interessiert, wie Weihnachten gefeiert wurde, als Oma und Opa als junges Ehepaar – noch kinderlos – in Stuttgart lebten. Sie gingen um fünf Uhr in die Kirche, haben anschließend den Nachbarn ein frohes Fest gewünscht und dann in ihrer kleinen Dachgeschosswohnung zu Abend gegessen.

> *Der Opa wünschte sich zum Essen einen Karpfen. Gekochter Fisch ... Ich mag doch nicht gern Fisch! Aber oft gab es auch das, was es bei uns früher zuhause immer an Weihnachten gegeben hatte und zwar Kartoffelsalat und Würstchen. Das finde ich heute noch wunderbar! Da hast du keine Arbeit und es schmeckt prima!*

Im Norden war Kartoffelsalat laut Oma etwas Besonderes, nicht wie im Schwabenland, wo es den *»fast täglich«* gibt. Meist wurden nach den Weihnachtswürstchen Gesellschaftsspiele gespielt oder Radio gehört. Besonders in Erinnerung geblieben sind die Festtage, als Manuela, meine Mutter, ein kleines Kind war. Die großen Augen, die die Kerzen am Baum bestaunten oder wenn der Nachbar als Knecht Ruprecht verkleidet zu Besuch kam.

> *Wir hatten uns notiert, wenn sie mal die Hände nicht gewaschen hat oder nicht pünktlich am Tisch saß. Der Knecht Ruprecht las ihr dann aus seinem dicken Buch vor, was man alles »nicht darf«, sie hat auch an ihn geglaubt*

und mit ihren großen Augen gesagt: »Ich machs nich' wieder.« Als sie älter wurde, kam auch mal der Nikolaus, sie musste ein Gedicht aufsagen und bekam einen Apfel und zwei Nüsse, er ging wieder und dann hat sie gesagt: »Das war gar kein Nikolaus, das war Onkel Richard.« Dann haben wir das danach nicht mehr gemacht.

Worüber wir auch jedes Jahr erneut diskutieren, sind die Würstchen. Oma Inge schwört auf Frankfurter Würstchen.

Mutti hat gesagt, sie hatte im letzten Jahr Frankfurter gehabt, aber das ist nicht wahr. Das waren keine. Es gibt Frankfurter, aber im Glas! Vier oder fünf Stück im Sud im Glas.
Die sind ein bisschen grober als Wiener Würstchen, oder?
Nee! Nee. Es ist ein anderes Fleisch.
Ok, ich werd' mich da nochmal informieren.
Also im Glas und zwar ein großes!!
Aber die sind ein bisschen dunkler als Wiener Würstchen, oder?
Das kann sein, ja.

Der entscheidende Unterschied zwischen Wiener und Frankfurter Würstchen liegt in der Fleischzusammensetzung. Frankfurter enthalten nur Schweinefleisch und sind etwas weicher und saftiger im Biss, wohingegen die Wiener Würstchen Rind- und Schweinefleisch enthalten.

Meine letzten Würstchen aß ich mit Oma an Weihnachten 2018. Wir feierten bei ihr zuhause, gemütlich nur wir beide. Ich entschied mich wenig später im Januar, auf Fleisch künftig zu verzichten.

Oma an Weihnachten 2018 mit ihrem liebsten Weihnachtssessen.

Einen lustigen heiligen Abend bescherte uns Oma Inge im Jahr 2015, als sie das Weihnachtsgeschenk meines Vaters ausprobieren durfte: Eine virtuelle Reise durch Paris mit dem Google Cardboard und einem iPhone 6. Man legt das iPhone in eine Art Karton und hält sich beides vor die Augen wie ein Fernglas. Man sucht sich eine Stadt aus und kann virtuell durch sie hindurchspazieren, bewegt man seinen Kopf, kann man links und rechts, hoch oder runter schauen. Oma war eine halbe Stunde in Paris, jauchzte und staunte; es war wunderschön, sie zu beobachten! Wir lachten und amüsierten uns herrlich, während sie uns erklärte, was sie alles in dem kleinen Gerät vor ihren Augen sah. Anschließend diskutierte sie 20 Minuten mit meinem Vater darüber, dass Drohnen ja sehr sehr gefährlich seien, wonach er ihr seine neue Drohne stolz auf dem Esstisch präsentierte und ihr die Regeln des Drohnen-Fliegens erklärte. Nach der Drohnen-Diskussion wollte sie den Eiffelturm nochmal sehen. Es gab Schoko-Fondue und Oma fragte mich, wer denn eigentlich dieser Alfons sei, von dem wir die ganze Zeit redeten. Ich wusste überhaupt nicht, was sie meinte, bis sie sagte:

Na, ihr sagt doch die ganze Zeit »Alfons hier, Alfons da!«, »Wo ist mein Alfons?«, »Hast du mein Alfons gesehen?«

Sie meinte das iPhone.

Oma in »Paris«, Weihnachten 2015

Wir hüpfen von Weihnachten zu Ostern, und ich frage Oma, wie sie früher Ostern gefeiert hat:

> *Da gab es eigentlich nicht viel zu feiern. Für uns Kinder war Ostern wichtig, weil wir da Geschenke suchen durften, wie du mit deiner Schwester auch. Bei schönem Wetter hat man sie draußen versteckt, es war ja mitunter noch Schnee! Ich weiß, dass ich zu Ostern mal eine Box bekommen hab, man nannte den Fotoapparat früher »Box«.*

Neben Ostereiern bekam meine Oma auch Spielsachen, ein Springseil, einen Holzkreisel für die Straße, ein Stirnband oder Zopfspangen.

> *Das war schon ganz was Tolles! Ihr würdet heute drüber lachen.*

Als Kind fand ich Ostern viel schöner als Weihnachten. Ich bekam ein Fahrrad oder Inline-Skates, Gummi-Twist, oder Kreiden für die Straße, man konnte draußen die hübschen Osternester suchen und bunte, gekochte Eier essen. Etwas wünschte sich Oma Inge jahrelang, bekam es aber nie: Einen Tretroller. Vermutlich, weil er zu teuer war.

> *Ich würde dir ja gerne einen Tretroller besorgen, Oma.*
> *Nee, ich glaub ich würde heute gar nicht mehr raufsteigen.*
> *Aber es gibt wieder welche!*
> *Aber wär das nicht schön, wenn ich dir mal einen vorbeibringe und wir machen zusammen 'ne kleine Runde?*
> *Nein, nein, nein. Nein. Ich würde gar nicht wagen, mit dem Ding alleine zu rollern. Nein.*

Warum denn?
Weil ich ja schon mit meinem Rollator so meine Problemchen habe. Ohne Rollator wag ich ja gar nicht mehr zu gehen. Ich muss also eine Stütze haben. So traurig wie es ist.
Aber es gibt ja auch Tretroller, die hinten zwei Räder haben und vorne eins.
Nein, vielen Dank, brauchste mir nicht zu besorgen! Aber ich sehe hier immer ein Kind mit seinem Roller und freue mich, dass es rollern kann mit dem Ding!

E-TRETROLLER WERDEN AB FRÜHSOMMER ZUGELASSEN

Klasse, kaufste dir dann einen hoffe ich.

JAAA

Nach dem Auspacken und Inspizieren der Geschenke, gab es damals ein selbstgekochtes Oster-Essen, und die Familie machte anschließend zusammen einen Ausflug mit der Straßenbahn zu einem Spielplatz im Wald. Oma erinnert sich, dass sie das Abendbrot, eine »Schnitte« – ein belegtes Brot – nicht zuhause aß, sondern mitnahm, um es draußen zu essen und noch mit den Nachbarskindern zu spielen.

Meiner Mutter war das nicht recht, weil die Hände ja nie sauber waren, aber mir war das egal! Mitunter war einem sogar schon schlecht vom vielen Naschen, das gab's auch!

Ich erinnere mich an ein Osterfest, an dem mir auch schlecht war vom Naschen. Ich war vielleicht acht oder neun und habe alle Schokoladenostereier, die ich finden konnte, in meiner Diddl-Maus-Schatztruhe gebunkert. Immer, wenn ich eines aß, habe ich das Papier nicht in den Mülleimer geworfen, sondern in die Schatztruhe zurückgelegt, damit niemand es sehen würde. Es waren edle Schoko-Eier mit Erdbeersahne gefüllt. Ich weiß nicht mehr, wie viele ich gegessen habe, aber Erdbeerschokolade mag ich bis heute nicht mehr essen.

22.

GUMO

Was in Omas erster SMS an mich stand, weiß ich nicht mehr genau, ich mache aber seit 2009 – das Jahr, in dem sie ihr erstes Handy bekam – regelmäßig Screenshots von Kurznachrichten, die teilweise so lustig sind, dass ich sie gerne mit der ganzen Welt teilen möchte Jeder, dem ich erzähle, dass meine Oma mir gerade eine SMS geschickt hat, schaut erst verdutzt und wenn ich dann noch hinzufüge, dass sie über 90 ist, sind die meisten noch verblüffter. Sie hat ein sogenanntes Seniorenhandy, mit großem Display und noch größeren Tasten als ein durchschnittliches Handy. Ich bekomme pro Woche durchschnittlich 30 SMS von Oma; sie hat seit letztem Jahr auch endlich einen Handyvertrag. Der Verkäufer im Handy-Shop war verwirrt, als mein Vater den Vertrag für seine 92-jährige Schwiegermutter schließen wollte. Vorher musste sie ziemlich oft die Prepaidkarte – in ihren besten Zeiten mit 50 € im Monat – aufladen, da sie so viel »simste«, wie sie sagt. Mitunter verschickte sie aus Versehen auch mal eine SMS ohne Inhalt, weil sie zu schnell auf »senden« kam. Das passiert mittlerweile aber nur noch ein- bis zweimal im Monat. Das meiste Geld ging damals für SMS mit Inhalten wie »OK.« oder »NEIN.« drauf, bis wir ihr erklärten, dass sie nicht pro Buchstabe zahlt, sondern pro SMS.

Ich habe mein erstes Handy im Jahr 2000 mit 13 bekommen. Eine SMS kostete damals noch 19 Cent und man quetschte in eine Nachricht so viele Abkürzungen wie nur möglich, denn damals war die Zeichenzahl pro SMS auf 160 begrenzt. Meine Oma liebt Abkürzungen auch heute noch, deshalb beginnen ihre SMS morgens immer mit GUMO (Guten Morgen), ab Mittag dann GUTA (Guten Tag), und längere Wörter wie »eventuell« werden sowieso abgekürzt.

In den letzten 18 Jahren war ich im Besitz von sechs Handys. Wie viele SMS ich in meinem Leben schon verschickt habe? Vermutlich Millionen! Das bedeutet, dass ich mich gut mit Handys und deren Nutzung auskenne, anders als meine Oma, die mit 83 ihre erste SMS tippte. Sie hat daher ab und an noch kleine bis mittelgroße Schwierigkeiten mit der Technik.

Eine von Kim handgeschriebene Anleitung für Omas Handy

Ich habe für Oma schon diverse Anleitungen gebastelt, die einfach erläutern sollen, wie ihr Handy funktioniert: dass sie mit dem »Menü-Knopf« in das Menü kommt, in dem sie auswählen kann, was sie machen möchte. Ihr Handy nutzt sie ausschließlich für Kurznachrichten, also weiß sie mittlerweile, wie sie in das Menü »Nachrichten« kommt. Oft schickte sie mir schon Nachrichten, wenn etwas nicht so funktionierte, wie sie es gewohnt war, zum

Beispiel, wenn das Postfach voll war, oder wenn sie aus Versehen alle gespeicherten Nummern gelöscht hatte. Es kam auch schon zweimal vor, dass sie sich beschwerte, dass das Handy gar nicht mehr bimmelte, doch sie hatte zu lange auf irgendeinen Knopf gedrückt, und ihr Handy war im lautlos-Modus.

Nicht nur für ihr Handy gibt es solche selbstgeschriebenen Anleitungen von mir oder anderen Familienmitgliedern; auch für den DVD-Player, ihren kleinen MP3-Player, den Fernseher und die Fernbedienungen. Wenn man nicht mit diesen technischen Geräten aufgewachsen ist, lernt man es nur langsam, und im hohen Alter wird man ja auch vergesslich. Vor drei Jahren lernte Oma die Smileys: Ein Doppelpunkt, ein Bindestrich und eine geschlossene Klammer ergibt ... ein grinsendes Gesicht! :-) Ich gestaltete ihr damals eine Postkarte mit den verschiedenen Smileys, es dauerte allerdings knapp drei Jahre, bis sie auf ihrem Handy die Klammer fand, um den Smiley zu vervollständigen. Nun schickt sie mir ab und an ein Lachen.

Das Seniorenhandy hat Oma immer dabei, wenn sie zum Friseur geht, oder mit der U-Bahn Staubsauger transportiert, im Notfall könnte sie so schnell jemanden erreichen. Lustig stelle ich mir vor, wie Oma in der Bahn sitzt, eine SMS bekommt, ihr Handy in ihrer kleinen Lederhandtasche sucht und dann die SMS beantwortet: das Handy in der einen Handfläche, mit dem Zeigefinder der anderen Hand tippend.

BIN UNTERWEGS.

In Omas Jugend gab es weder Handys noch CDs, geschweige denn DVDs. Klar, dass Oma Inge öfter mal nachfragen muss, ob eine DVD oder CD mit der Schrift nach oben oder nach unten in das Abspielgerät eingelegt werden muss.

Oma, die beschriftete Seite muss immer oben sein, was Anderes gibt es nicht.

Dann kam sie eines Tages mit einer doppelseitigen, unbeschrifteten DVD um die Ecke, und ich war mit meinem Latein am Ende.

Damit Oma unsere Podcasts anhören kann, kaufte ich ihr einen kleinen MP3-Lautsprecher, in den man einen USB-Stick reinsteckt. Erklärt aber mal einer 93-Jährigen, warum das USB-Stick heißt und was der kann. Ich bin oft ungeduldig und denke mir »man steckt das da einfach rein und gut ist«, aber nein, meine Oma möchte es immer ganz genau wissen. Auf dem USB-Stick sind also die Folgen unseres Podcasts gespeichert, ich habe ihr eine Anleitung für das kleine Gerät geschrieben und ihr erklärt, wo sie es einschaltet und wo man lauter und leiser macht. Bei einem Besuch erzählte sie mir, dass sie das Gerät scheiße finde, sie müsse es sich immer ganz nah ans Ohr halten, und so könne sie die Folgen nie richtig entspannt anhören, sie wollte also gern ein anderes Gerät. Ich war verunsichert, denn eigentlich war das kleine, zwar günstige, doch leistungsstarke Gerät bei meinem ersten Test recht laut gewesen. Sicherheitshalber gehe ich dem Problem auf den Grund.

Hast du es denn die Lautstärke ganz aufgedreht?
Ja.
Und du hörst trotzdem nichts?
Nee!

Wie sich herausstellte, hatte sie vergessen, wo man die Lautstärke anpasst und ich zeigte es ihr nochmals. Nun kann sie die Folgen wieder laut genießen, ohne sich den Lautsprecher direkt ans Ohr halten zu müssen.

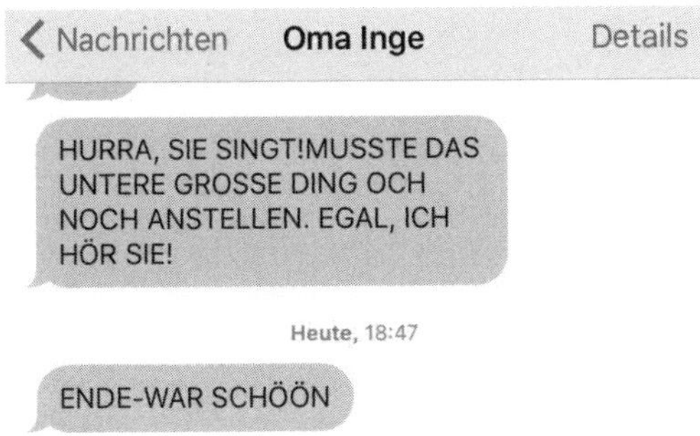

Ehrlich gesagt bin ich ganz schön stolz auf meine Oma. Sie hat ein Handy, einen DVD-Player, einen Fernseher, einen elektronischen Bilderrahmen, einen CD-Player und einen MP3-Player. Ich bin jedes Mal verblüfft, mit welcher Selbstverständlichkeit sie auf dem Handy tippt, mittlerweile hat sie sogar ab und an Kontakt mit Fans, die ihr liebe Grüße per SMS senden.

Ich glaube, nicht viele 93-jährige Menschen auf diesem Planeten können mit all diesen Geräten so umgehen, wie es meine Oma kann, auch wenn wir ihr alle paar Wochen einen Handgriff zum 20. Mal erklären müssen. Wir machen das unglaublich gerne. Ich bewundere ihre Neugier und ihre Wissbegierde. Einen Laptop und Internet oder ein internetfähiges Handy allerdings möchte sie nicht, das wäre ihr »zu viel des Guten« und sie müsste dann »ja noch mehr lernen«.

Ich bin gespannt, wie sich die Technologie weiterentwickelt und wie ich und meine Generation damit umgehen werden, wenn wir 93 Jahre alt sind. Werden unsere Enkel mit noch innovativeren, technischen Geräten aufwachsen und werden wir, die wir mit Handy & Co. aufwuchsen, auch irgendwann sagen: »Nee, das brauch' ich nich'!!«?

23.

Breitbeinig lachen

Kimi, kannst du mich am Freitag zu Frau Beutler fahren? Sie hatte Geburtstag, ich will sie gerne besuchen!

Da ich das Auto von Oma fahren darf, bot ich ihr an, sie – wann immer sie möchte – irgendwo hinzufahren. Ilse Beutler wohnt etwa zehn Kilometer entfernt in einem Hochhaus, sie lebt alleine und ist Jahrgang 1920. Inge und Ilse kennen sich schon seit 55 Jahren, kennengelernt haben sie sich bei der Arbeit.

Oma Inge: Du warst schwanger!
Ilse: Das muss dann 63 gewesen sein!
Oma Inge: Ich dachte: »Oh, na die wagt sich was!«, denn du warst ja keine 20 mehr!
Ilse: Nein, nicht mehr ganz. Ich war 43.

Zusammen arbeiteten sie bei einer Spedition, die Podcast-Oma war als Stenotypistin angestellt, Frau Beutler arbeitete in der Disposition und im internen Einkauf und erwartete damals ihr drittes Kind, als sie Oma Inge kennenlernte. Das Kind war ein »Fehltritt«, wie sie selber sagt.

Oma Inge: Sei froh über diesen Fehltritt!
Ilse: Ja, das hab' ich meinen Kindern immer gesagt: Ich war so froh!

Ihre Wege kreuzten sich mehrmals täglich, sie trafen sich auf der Toilette oder im Flur, kamen so eines Tages ins Gespräch und Ilse fragte meine Oma, ob sie auch mal mit zum Schwimmen kommen dürfte. Das gefiel Frau Beutler so gut, dass sie selbst irgendwann Kindern das Schwimmen beibrachte.

Ilse: Aber Inge, ich kann mich noch erinnern, wir sind dann später oft spazieren gegangen in der Mittagspause!
Oma Inge: Und da haben wir über alle gelästert!
Ilse: Ja, wir haben immer so laut gelacht. So viel gelacht und gelästert haben wir. Das war schön!
Oma Inge: Weißt du noch, von der Frau Kion kommt der Ausdruck: »Breitbeinig gelacht«!

Nachdem beide Frauen nicht mehr arbeiteten, hielten sie – auch durch das Schwimmen – immer Kontakt. Lockeren Kontakt, aber regelmäßigen. Sie trafen sich bei den jährlichen Ausflügen und Ausfahrten des Schwimmvereins und Ilses Familie besuchte meine Großeltern in deren Schrebergarten, heute telefonieren sie fast jeden Tag, zum Geburtstag besucht meine Oma Frau Beutler meist auch persönlich. Sie kennen sich schon fast ihr halbes Leben lang.

Ilse: Mein Gott, ist das so lange her?
Oma Inge: Na, überleg mal, wie alt wir sind! Und ich bin immer wieder überrascht, wie toll du alles meisterst!

Frau Beutler sieht kaum noch etwas, weshalb sie oft Hörspiele hört. Ihren Alltag meistert sie mit Unterstützung ihrer Familie, die sie oft besucht, ihr Frühstück zubereitet, und auch ihre Urenkel halten sie auf Trab. Ich frage, worüber die beiden Damen bei ihren Telefonaten oder Treffen sprechen.

Ilse: Och, jetzt lästern wir über die Jetzt-Zeit!
Also ihr trefft euch nur zum Lästern – früher wie heute!
Oma Inge: Über die Kinder, die Enkelkinder, was wir noch können, was wir nicht mehr können.
Ilse: Auch was wir noch möchten.
Ja? Was möchtet ihr denn noch?
Oma Inge: Schokolade essen!

Wir lachen. Frau Beutler würde gerne noch lange miterleben, wie ihre Nachkommen großwerden, die Ausbildungen beenden und eventuell heiraten. Sie hat drei Kinder, fünf Enkelkinder und vier Urenkel: Maxi, Ben, Niklas und Pauline.

Wie pflegt man eine Freundschaft im hohen Alter?
Oma Inge: Meistens per Telefon.
Wie oft telefoniert ihr?
Oma Inge: Jeden Tag oder jeden zweiten.
Ilse: Oder auch mal abends um 10.
Oma Inge: Wenn wir uns über den Quatsch des eben gezeigten Films unterhalten. Oder über das Schöne, das der Jauch uns gezeigt hat.*

Wenn drei Tage ohne gemeinsames Telefonat vergangen sind, dann kommt es ihnen vor wie eine Ewigkeit. Oft klingelte schon das Telefon, wenn ich bei meiner Oma zu Besuch war, dann mussten wir Frau Beutler leider jedes Mal vertrösten, was mir immer sehr leidtat. Aber meist quatschen sie dann einfach nach meinem Besuch! Ich frage die beiden fast Hundertjährigen, ob sie auch über den Tod sprechen:

* Gemeint ist »Wer wird Millionär?«, moderiert von Günther Jauch

Oma Inge: Ja. Zwar ungern, aber Ilse hat zum Beispiel mir schon gesagt, wie sie mal beerdigt werden möchte.
Ilse: Ja richtig. Anonym. Mehr kann ich nicht sagen. Ich hab' schon zu meinem Sohn gesagt: in einem Pappsarg.

Frau Beutler wünscht sich eine anonyme Beisetzung in einem Sarg aus Pappe, damit ihre Kinder, Enkel und Urenkel keinen »Streit« bekommen, wer wann und wie oft das Grab der verstorbenen Oma, Mama und Uroma pflegt.

Ilse: Hängt euch 'n Bild von mir an die Wand und sagt »Prost, Mutter!«

Apropos Streit: Ich frage Ilse und Inge, ob sie sich während ihrer langen Freundschaft auch schon mal gestritten haben, doch da sind sich beide schnell einig: Dazu haben sie gar keine Zeit! Es gibt wohl mal Meinungsverschiedenheiten, aber Streit gab es noch nie. »Vergesst nicht, aber verzeiht« ist das Lebensmotto von Frau Beutler. Man sollte Menschen immer verzeihen, den Schmerz aber nicht vergessen, sagt sie. Beiden ist es generell wichtig, dass jeder seine eigene Meinung haben darf, in Freundschaften ebenso wie in Liebesbeziehungen.

Sich im hohen Alter nochmal zu verlieben, das können sich beide nicht mehr vorstellen. Sie kennen jedoch gleichaltrige Damen, die sich nochmal verliebt und ihren Lebensabend mit einem neuen Partner verbracht haben, auch im Pflegeheim. Alles ist möglich! Inge und Ilse genießen es jedoch, allein zu sein, denn allein sein heißt ja nicht zwangsläufig, dass man auch einsam ist.

Frau Beutler, hätten Sie gedacht, dass Sie mal 98 Jahre alt werden?
Ilse: Nein. Nie. Ich hab mich gefreut, als ich 90 wurde. Aber es ist schön, wenn man seine Kinder und Enkel aufwachsen sieht, oder?
Oma Inge: Und sie ist glücklich, wenn die Urenkel mal kommen! Und die kommen öfter mal!
Die wohnen auch alle in der Nähe?
Ilse: Ja!
Oma Inge: Und die halten uns auch am Leben irgendwie. Darf ich dir noch Kaffee einschenken?
Ilse: Gerne.

Wir beenden unser nettes Gespräch und ich bin plötzlich sehr sentimental. Während ich die Kaffeetassen und die Teller mit den Brezelkrümeln in Frau Beutlers Küche trage, denke ich darüber nach, dass ich noch keine Kinder habe und nicht einmal einen Partner. Keine Kinder zu haben heißt auf lange Sicht, dass ich auch keine Enkel haben werde und natürlich keine Urenkel. Werde ich dann einsam sein, wenn ich mal 98 bin? Lebe ich überhaupt so lange, wenn ich jetzt nicht bald mal Kinder kriege? Ich frage mich, ob es auch alte Menschen gibt, die keine Familie haben und trotzdem glücklich alt werden, ohne dass sich Nachkommen um sie kümmern. Ich wünsche mir Kinder, das wird mir jetzt so richtig bewusst.

Mein Tipp an die junge Generation: Macht Pausen. Verbringt Zeit mit der Familie, auch mal ohne das Handy. Fragen stellen und zuhören, die Vergangenheit akzeptieren, vergeben, nie aufhören zu lernen und: Egal, wie aussichtslos es zu sein scheint, es geht immer weiter im Leben!

OMAS BEST-OF

Omas schönste Sprüche

Früher hatte man mehr Respekt vor anderen Menschen. Man war nicht so gleichgültig wie heute.

Man war ja arm. Man hat lange überlegt: »Kannst du dir wirklich diese Tasche kaufen für 19,99 DM?«

In der Armut hat man mehr zusammengehalten. Auch zwischen Freunden. Es gab immer welche, die finanziell besser dastanden.

Welches war das für dich schönste Jahrzehnt?
Das fünfte. Weil da meine Tochter geboren wurde.

Wenn man einen Mann heiratet, fühlst du dich als Frau beschützt. Zumindest war das bei mir so. Das ist heute aber nicht mehr so. Heute ist das mitunter andersrum!

Was bedeutet für dich Liebe?
Alles. Liebe ist alles.

Wenn ich in Geldnot wäre, würde ich eingehen wie 'ne Blume ohne Wasser.

Für eine glückliche Ehe braucht man Vertrauen, Geld und Achtung voreinander.

Wahre Freunde gibt's nicht so viele.

Was ich an Menschen nicht leiden kann: wenn sie eingebildet sind. Ganz was Schlimmes. Denn es muss kein Mensch eingebildet sein. Er soll stolz sein, dass er klug ist und viel weiß, aber sich was darauf einbilden, das muss er nicht. Das hass' ich, wenn einer sagt »ich kann dies, ich kann das, ich hab' dies, ich hatte das!«

Vor dem Tod als solchem hab' ich keine Angst, aber wenn er mit Krankheiten verbunden ist, dann ja. Leiden möchte ich nicht.

Wenn's Ihnen gefallen hat, sagen Sie's anderen. Wenn nicht, dann uns!

Dieser nette Kerl da aus Frankreich, der Macaron oder wie er heißt, der spricht so schön! Der muss arg nett sein. Angie küsst ihn ja auch!

Am 19. Geburtstag, Abschied voneinander, Oma flieht mit dem LKW. Ihr Vater steht vor ihr und sagt: Mein Kind, benimm' dich immer so, dass du dich nie entschuldigen musst. Denn wenn man sich entschuldigt, wird man kleiner.

Das Verrückteste, das ich je gemacht habe? Spontan mit einem Segelflugzeug fliegen. Das war aufregend.

Vor was hast du Angst, Oma?
Vor Krieg.

Man sollte alles einfacher nehmen, nicht glauben, man habe es schwer. Man hat es heute nicht schwer. Die Probleme, die man heute hat, die nimmt man viel zu wichtig.

Das Leben ist heute schöner. Ganz klar.

Ich kann mit keinem Menschen böse sein und dann ins Bett gehen. Das sollte man nie machen.

Omas Tipps und Tricks

Bei Halsschmerzen eine bereits getragene, wenn möglich wollene, Socke um den Hals wickeln.

Bei Husten eine große Zwiebel klein schneiden und mit Kandiszucker bedecken. Stehen lassen, bis sich Saft gebildet hat, und täglich 1 EL davon trinken.

Bei Wespenstichen eine angeschnittene Zwiebel drauflegen.

Den Juckreiz bei Mückenstichen mit eigener Spucke lindern.

Bei Zahnschmerzen eine Gewürznelke auf den kranken Zahn legen.

Zu heißen Kaffee zum Abkühlen auf die Untertasse kippen.

In das Schnittblumenwasser 1 TL Zucker geben.

Topfblumen am besten mit Regenwasser gießen.

Bei Kopfschmerzen ins Ohrläppchen kneifen.

Bei Nasenbluten nasse Kompressen auf den Nacken legen, geradeaus schauen.

Auf Rotweinflecken Weißwein träufeln.

Omas Weisheiten

Immer vorwärts, niemals zurück.

Es ist nicht alles Gold, was glänzt.

Sage nicht alles, was du weißt, aber wisse alles, was du sagst.

Der Fleiß in deinen Jugendtagen wird später gold'ne Früchte tragen.

Willst du glücklich sein im Leben, trage bei zu ANDERER Glück, denn die Liebe, die wir geben, kehrt ins eigene Herz zurück.

Immer, wenn du meinst, es geht nicht mehr, kommt von irgendwo ein Lichtlein her.

Gehst du ins Leben einst hinaus, halt' eines hoch: das Elternhaus!

Dass du es noch einmal wieder zwingst und vor lauter Sonnenschein und Freude singst.

Leichter trägt des Alltags harte Last, wenn du wieder Glauben, Mut und Hoffnung hast.

Wie glücklich dir auch fällt dein Los, vergiss es nicht, es zog dich groß.

Eifersucht ist eine Leidenschaft, die mit Eifer sucht, was Leiden schafft.

Kleine Kinder, kleine Sorgen, große Kinder, große Sorgen.

Spare in der Not, dann hast du Zeit dazu.

Was du heute kannst besorgen, das verschiebe nicht auf morgen.

Morgen, Morgen, nur nicht heute, sagen alle faulen Leute.

Bescheidenheit ist eine Zier, doch weiter kommt man ohne ihr.

Wenn ihr könntet, was würdet ihr eure Oma oder euren Opa gerne fragen

(Eine Sammlung von meinen Instagram-Followern)

- Opa, warum hast du meine Mama nicht geliebt?
- Warum hast du den Kontakt nie aufrechterhalten?
- Wie viele Sexualpartner hattet ihr?
- Habt ihr im Alter noch Sex gehabt?
- Hast du Angst vor dem Tod?
- Hast du mich lieb?
- Warum warst du so ein schlechter Mensch?
- Warum liebst du deine Kinder und Enkel nicht gleichermaßen?
- Warum hast du mir eingeredet, dass Mädchen nichts wert sind?
- Welchen Tag in deinem Leben würdest du gerne nochmal erleben?
- Vermisst du mich?
- Bist du traurig, weil ich so wenig Zeit für dich habe?
- Wie hast du Oma kennengelernt?
- Hattest du Liebeskummer?
- An was hast du in der Kriegsgefangenschaft gedacht?
- Kennst du noch Lieder aus deiner Kindheit?
- Wie war es für dich, als Opa im Krieg war?
- Hast du dich begehrt gefühlt?
- Hattest du eine Fehlgeburt?
- Wie war das damals als alleinerziehende Mutter?
- Bist du stolz auf mich?
- Wenn du nicht so abhängig von Opa gewesen wärst, hättest du dich von ihm getrennt?
- Wieso bist du so intolerant?
- Bist du gern zur Schule gegangen?
- Zeigst du mir alte Fotos? Wer ist wer?
- Hast du damals alles frei entscheiden können?

- Wieso hast du meiner Mutter nie von ihrem Vater erzählt?
- Gibt es Jugendsünden?
- Was waren deine größten Träume?
- Wie schafft man es, 50 Jahre mit einem Partner zusammenzubleiben?
- Wie war die Geburt deiner Kinder für dich?
- Wieso sagst du »du schaffst das nicht«?
- Glaubst du an ein Leben nach dem Tod?
- Wieso legst du so viel Wert auf gute Manieren?
- Bist du stolz auf dich?
- Glaubst du an Gott?
- Was hast du gegen Ausländer?
- Was war dein Lieblingsessen?
- Was ist Glück für dich?
- Wieso hast du deine Krankheit verschwiegen?
- Denkst du oft an Oma?
- Kannst du schwimmen?
- Wie hast du Weihnachten als Kind gefeiert?
- Oma, hattest du mal einen Orgasmus?
- Wieso wolltest du nie den Führerschein machen?
- Was war dein Traumberuf?
- Wieso hast du dich von Opa schlagen lassen?
- Vermisst du deine Heimat?
- Wieso bist du so gemein?
- Wieso rauchst du?
- Bist du einsam?
- Wer war dein Vorbild?
- Magst du deinen Schwiegersohn?
- Wie war Papa als Kind?
- Wieso hast du keine eigenen Hobbys?
- Wieso kannst du keine Liebe zeigen?
- Schreibst du mir deine Rezepte auf?

Über die Autorin

Zwischen Kim Hoss und Oma Inge liegen sechs Jahrzehnte, viele Geschichten und Lebensweisheiten. Gemeinsam nehmen sie seit August 2018 zusammen einen Podcast auf. Kim, 1987 geboren, ist seit 2011 aktiv auf dem Social-Media-Account Instagram. Hier schreibt und spricht sie über Akzeptanz, Selbstliebe, Mode und Lifestyle, und auch Oma Inge huschte ab und an schon über die Bildschirmfläche der Follower, die immer erfreut über die kleinen »Auftritte« waren. Kim kam eines Tages auf die Idee, diese Gespräche aufzunehmen. So entstand im August 2018 das Format *Die Podcast-Oma* und wurde zum Hit auf iTunes und Spotify. Inzwischen folgen ihnen über eine Million Abonnenten auf der ganzen Welt und hören begeistert jede neue Folge. Beide leben in Stuttgart und essen für ihr Leben gerne Schokolade.

224 Seiten
14,99 € (D) | 15,50 € (A)
ISBN 978-3-7474-0077-7

Norman Wolf

Die Fische schlafen noch

Wie ich meinen Papa an den Alkohol verlor und ihn auf der Straße wiederfand

Als Kind unternimmt Norman mit seinem Vater Angelausflüge, gemeinsam hören sie stundenlang alte Platten und verbringen schöne Nachmittage auf Volksfesten. Doch dann kommt der Einschnitt: Normans Vater verliert seine Arbeit. Zwar schreibt er Bewerbungen und versucht wieder Fuß zu fassen, doch die Tage in der Dorfkneipe werden immer länger. Der Vater wird immer unberechenbarer und die Eltern streiten sich immer häufiger. An einem Abend kommt er gar nicht nach Hause und es verändert sich alles. Als Norman zwölf Jahre alt ist, sieht er ihn zum letzten Mal. Erst weitere zwölf Jahre später erhält er von ihm ein Lebenszeichen, das Norman komplett aus der Bahn wirft.

mvgverlag